모두,
함께,
잘,
산다는 것

모두,
함께,
잘,
산다는 것

발행일 2018년 12월 04일 초판 1쇄 발행
2023년 01월 27일 초판 6쇄 발행
지은이 김익록 · 박인범 · 윤혜정 · 임세은 · 주수원 · 홍태숙
발행인 방득일
편 집 박현주, 허현정
디자인 강수경
마케팅 김지훈
내지 일러스트 박상규

발행처 맘에드림
주 소 서울시 도봉구 노해로 379 대성빌딩 902호
전 화 02-2269-0425
팩 스 02-2269-0426
e-mail momdreampub@naver.com

ISBN 979-11-89404-06-2 44320
ISBN 979-11-89404-03-1 44080(세트)

모두, 함께, 잘, 산다는 것

청소년을 위한
사회적 경제 이야기

김익록 · 박인범 · 윤혜정 · 임세은 · 주수원 · 홍태숙 지음

맘에 드림

6장

세상을 바꾸는 체인지 메이커

모두, 함께, 잘, 산다는 의미를 알아갈 수 있길

최근 들어 교육 분야에서 사회적 경제가 많이 이야기되고 있습니다. 각 교육청에 '사회적 경제' 코너가 생기고 교육청뿐만 아니라 한국개발연구원(KDI) 등에서도 사회적 경제 교사 연수를 하기 시작했습니다. 이는 경제의 패러다임이 바뀌면서 교육도 함께 바뀌고 있기 때문입니다. 사회적 경제 교육은 제4차 산업혁명 시대에 갈수록 중요해지는 문제해결 능력을 배양할 뿐만 아니라, 더불어 살아가는 공동체 정신을 일깨울 수 있습니다.

그럼에도 아직까지 청소년들에게 사회적 경제는 낯설 수밖에 없습니다. 2017년 이뤄진 조사에 따르면 일반 국민들 대상 응답자의 87.5%가 사회적 경제를 들어본 적이 없거나 들어본 적은 있으나 무엇인지 모른다고 응답하였습니다. 학생들의 경우에도 학교와 지역사회에서 이와 관련한 교육을 받은 적이 없습니다. 2017년 청소년 사회적 경제 교육 수강생은 9천 명으로 전체 663만 명의 학생 중 0.1%에 불과합니다.

이 책은 이런 상황에서 교육 현장에 있는 각 지역의 선생님들이 중심이 되어 사회적 경제를 아이들에게 쉽고 재미나게 전달하기 위해 만들어졌습니다. 기존의 사회적 경제에 대한 조직 중심의 설명에서 벗어나 호기심으로부터 시작해서 차근차근 이해해나가고 무엇보다 아이들이 일상에서 직접 실천할 수 있는 활동들을 제시하고자 했습니다.

1장에서는 사회적 경제의 의미가 국가와 시장만으로는 해결되지 않는 문제들이라는 것을 이야기하며, 청소년들도 함께 참여해서 풀어가는 활동으로서 사회적 경제를 다루고, 4차 산업혁명 시대를 살아갈 핵심적인 원리인 협동과 공유가 사회적 경제가 추구하는 '함께'했을 때 더 큰 힘을 발휘될 수 있다는 것을 살펴볼 것입니다. 2장에서는 두레, 계, 품앗이 등 전통문화 안의 담긴 이웃과 함께하는 공동체 경제 원리부터 우리나라의 사회적 경제는 언제 어떻게 시작되었는지를 다룹니다.

이렇게 사회적 경제에 대해 어느 정도 이해하고 나서 구체적으로 청소년들이 활동할 수 있는 분야로 학교와 지역사회에서의 구체적인 활동들을 살펴볼 것입니다. 3장에서는 학생들이 함께 주인이 되어 참여해서 운영할 수 있는 학교협동조합의 원리와 활동들을 알려주고, 4장에서는 지역에서 경험할 수 있는 사회적 경제로 로컬푸드, 지역화폐, 공정여행 등을 설명합니다.

끝으로 여러 사례가 제시된 뒤에 사회적경제와 교육이 만나는 원리를 5장과 6장에서 정리할 것입니다. 5장에서는 함께 의사결정하며 생기는 문제들을 해결해가는 민주시민 교육 원리를 담았고, 6장에서는 사회문제를 경제활동으로써 풀어가는 기업가정신과 함께 이와 연계된 청소년 체인지 메이커 활동을 소개합니다. 세계시민교육과 기업가정신 교육은 2015년 교육과정에 포함되어 2018년부터 학교에서도 이뤄지고 있는 교육들입니다.

비록 이러한 순서에 따라 책이 집필되었지만, 더 관심이 많이 가고 궁금한 부분부터 읽어가도 좋을 것입니다. 어느 장에서든 사회적 경제에 대한 개념과 원리를 담아서 설명을 하려 했고, 추상적인 개념보다는 구체적인 사례로서 좀 더 쉽게 다가갈 수 있도록 했기 때문입니다. 무엇보다 사회적 경제가 어른들만의 활동이 아닌 청소년도 얼마든지 참여할 수 있고 내가 다니는 학교, 내가 살고 있는 지역에서도 실천해볼 수 있는 활동으로 다가올 수 있도록 했습니다.

아무쪼록 이 책이 청소년 사회적 경제 교육에 보탬이 되고, 사회적 경제를 알아가고자 하는 청소년들에게도 유익한 읽을거리가 되었으면 하는 마음입니다. 사회적 경제가 확산되어서 학교와 지역사회에서 좀 더 쉽게 접할 수 있기를 바라고요. 그렇게 된다면 모두가, 함께, 잘, 산다는 것은 당연한 것으로 많은 말을 보태지 않고도 쉽게 이해할 수 있게 되겠죠?

이 책을 읽는 청소년들로 그러한 세상이 한 발짝 더 가까이 다가오기를 바라며.

2018년 11월
저자일동

1장

경제보다 쉬운 사회적 경제 이야기

다른 사람들과 협력해서 창의적으로 문제를 해결해나가는 것, 그리고 이러한 과정에서 호기심을 유지하며 문제해결을 주도를 할 수 있는 인성이 미래사회에 필요한 핵심 역량인 것이죠. 협업을 통한 문제해결은 사회적 경제에서 중요시되는 것이며, 여러분들이 사회적 경제를 배우고 관련한 활동을 하며 익혀갈 수 있는 것입니다.

주수원

협동조합을 사랑하고, 연구하고, 알리고, 고민하는 사람. 협동조합과 관련된 일이라면 교육, 상담, 연구 등 다양한 일을 마다하지 않고 하고 있다. 《만들자, 학교협동조합》, 《대학, 협동조합으로 교육하라》 등을 집필했다. 내 삶을 내가 디자인해볼 수 있다는 가능성이 협동조합의 가장 큰 매력이라고 생각한다.

경제 안에 사회가 있어요

여러분은 '경제'하면 어떤 생각이 떠오르나요? 경제 뉴스가 나오면 어른들도 골치 아파하고, 학교에서도 경제는 어렵고 멀게 느껴지는 과목이죠. 의미를 알기 어려운 단어와 복잡한 수식으로 이뤄진 숫자, 혹은 돈 많이 버는 방법으로 생각되기도 하고요. 한 가지 분명한 것은 어쩐지 나와 멀게 느껴진다는 걸 거예요. 경제란 소수의 전문가들이 알아서 하는 것이라고 생각되니까요.

이처럼 경제도 어려운데 사회적 경제라니 갑자기 골치가 아파오려 하네요. '사회와 경제가 도대체 어떤 연관이 있다는 거지?' 하는 생각도 들 거예요. 사회 교과서에서 경제를 배우기는 하지만 '사회적 경제'라는 말은 낯설고, 게다가 경제는 개인들의 활동으로서 더 느껴지니까요.

먼저 사회적 경제에 대해서 우리나라 정부에서 정의한[1] 내용을 살펴볼게요.

구성원 간 협력·자조를 바탕으로 재화·용역 생산 및 판매를 통해
사회적 가치를 창출하는 민간의 모든 경제적 활동

말들이 좀 어렵죠. '재화·용역 생산 및 판매'는 일반적인 경제활동을 의미해요. 우리가 먹고, 입고, 자면서 생활하는 데 필요한 물건과 서비스를 생산하고 판매하는 활동이니까요. 그런데 사회적 경제는 이러한 활동을 여러 사람이 서로 협력해서 자신들의 문제를 해결해가는 방식으로 합니다. 이를 통해서 경제적 가치만이 아닌 사회적 가치를 만들어내고요. 이렇게 보면 우리가 익히 알고 있던 일반적인 경제하고는 굉장히 다른 개념 같죠? 협력, 사회라는 말은 경제라는 말과 어울리지 않는다고 생각했을 테니까요.

그런데 혹시 경제라는 말 자체에 이미 사회가 포함되어 있다는 것을 알고 있나요? 경제라는 한자어는 '경세제민(経世済民)'의 약자입니다. 중국 수나라 때 왕통이 편찬한 책으로 알려진 《문중자(文中子)》에 나오는 단어라고 해요. 무슨 뜻이냐 하면 '세상을 다스리고 백성을 구제한다'라는 말이에요. 세상의 문제들을 해결하고,

---

1. 일자리위원회 관계부처, 《사회적 경제 활성화 방안》, 2017

그로 인해 그 나라에서 살아가는 이들이 어려움 없이 행복하게 살 수 있도록 한다는 거죠. 어떤가요? 우리가 막연하게 생각해온 복잡한 수식, 돈 많이 버는 방법으로서의 경제와는 상당히 거리가 멀죠? 어쩐지 정치에 더 가까운 느낌이기도 하고요.

자, 서양으로 가볼까요? 영어로 경제는 Economy에요. 이 단어는 오늘날 대부분의 학문을 체계적으로 정립한 그리스 철학자 아리스토텔레스로부터 유래해요. 그리스어로 가계(家計, Household)를 뜻하는 '오이코스(Oikos)'에서 파생된 오이코노미아(Oikonomia)가 그 유래랍니다. 쉽게 말하면 경제란 가정에서의 살림살이를 잘 운영하는 방법이었던 거죠. 즉 아리스토텔레스는 국가에 앞서서 가정이라는 소규모 공동체로부터 경제를 이야기한 거예요.

이처럼 동양과 서양을 살펴봤을 때 경제는 작게는 집안 살림살이, 크게는 나라 살림살이를 잘 꾸려서 사람들이 잘 살 수 있도록 고민하는 것이었습니다. 당연히 경제에서 가장 중요한 것은 사람들과 그들의 삶이었죠. 이렇게 본다면 경제 안에는 이미 사회가 들어가 있는 셈이에요. '사회적' 경제라고 굳이 다시 설명하지 않아도 경제는 원래 사회적이라는 뜻이죠. 마치 '웃기는 개그맨' 같다고나 할까요? 개그맨이 원래 웃기는 사람인데 굳이 '웃기는'을 다시 덧붙인 셈입니다. 그런데 여기서 함께 곰곰이 생각볼까요?

아마 여러분은 대니얼 디포(Daniel Defoe)의 장편소설 《로빈슨 크루소》를 대부분 읽어봤거나 한 번쯤 들어본 적이 있을 거예요.

영국 청년 로빈슨 크루소가 아프리카 기니로 배를 타고 가던 중 좌초되면서 표류한 무인도에서의 생존기죠. 우여곡절 끝에 28년 만에 조국인 영국으로 돌아가게 돼요. 비슷한 줄거리의 톰 행크스(Tom Hanks)가 주연한 영화 〈캐스트 어웨이〉도 있어요. 택배회사 직원이었던 주인공이 화물 비행기를 타고 가던 중 사고를 당해 무인도에 표류해 4년 만에 구출되는 이야기예요.

이러한 이야기 속에서 주인공은 섬 안의 유일한 생산자이자 소비자입니다. 1인 경제인 셈이죠. 혼자 있으니 마음껏 자유를 누릴 수 있을 것 같죠? 마치 부모님이 안 계실 때 마음껏 게임하고 텔레비전도 보고 친구들과 밤새 놀 수 있는 것처럼 말이에요. 하지만 막상 혼자서 할 수 있는 활동들은 지극히 제한되어 있어요. 마실 물을 구하는 일부터 음식을 만드는 일, 추위로부터 몸을 보호하기 위해 불을 피우는 일까지 굉장히 어렵다는 것을 알게 돼요.

무인도나 깊은 산 속에서 혼자 살아가는 예외적인 경우를 제외하고 우리는 많은 사람이 오랜 시간 노동을 해서 만들어낸 상품을 소비해요. 더불어 우리가 생산한 상품 역시 다른 이들에게 판매하며 살아가고요. 청소년 여러분 중에서도 편의점 같은 데서 아르바이트하며 이미 노동을 경험한 친구들이 있을 거예요. 이처럼 경제라는 말 속에는 나 혼자만이 아닌 여러 사람의 활동이 포함되어 있어요. 사람과 사람 사이의 관계, 즉 여러 사람이 모인 '사회'가 들어가 있는 거예요.

시장은 그 자체로 완벽하지는 않아요

경제 안에 사회가 담겨 있다고 하더라도 우리는 이러한 특성을 잊어버릴 때가 많아요. 경제를 앞의 이야기처럼 여러 사람의 선택과 참여 속에서 만들어가는 과정이라고 보기보다는 자동으로 결정되는 기계로 보기 때문이에요. 실제로 19세기 말 어빙피셔(Irving Fisher)는 물탱크, 손잡이, 밸브, 파이프로 이루어진 시스템을 사용해서 기계적인 경제모델을 만들기도 했어요. 수도꼭지와 물 수위를 조절함으로써 소비자의 수요 하락이나 상승 등 경제 변화의 영향을 모델로 나타낼 수 있도록 한 것이죠.[2] 이는 시장에서 모든 것이 완벽하게 조정될 것이라고 보는 믿음에 기반해요. 만약 이러한 생각이 맞는다면 우리는 더 이상 경제에 대해 크게 고민할

....
2. J.K. 깁슨-그레이엄 외, 《타자를 위한 경제는 있다》, 황성원 옮김, 동녘, 2014, 35쪽

필요는 없을 거예요.

이러한 생각의 근원을 찾아가 보면 경제학의 아버지라 불리는 애덤 스미스(Adam Smith)를 만나게 돼요. 경제에 대해 낯선 친구들도 자주 들어본 이름이죠. 맞아요, '보이지 않는 손'(Invisible hand)으로 유명한 경제학자이죠. 그는 국가의 부를 많이 만들 수 있는 비결이 담긴 《국부론》에서 푸줏간 주인, 양조장 주인, 빵 굽는 사람들의 친절함 때문에 우리가 오늘 저녁을 먹을 수 있는 게 아니라, 그들이 자신의 이익을 위해 일하기 때문이라고 보았어요. 사람들이 개인의 이익만을 원해 일을 하더라도 '보이지 않는 손'에 이끌려 자연스럽게 사회적 이익을 키우게 된다는 것이죠. 즉 시장을 통해 각자가 많이 생산한 것을 팔고 필요한 것을 산다면, 누군가가 개입하지 않더라도 생산량은 가장 효율적인 방법으로 결정될 거라고 보았죠. 이러한 효율성의 비법은 '분업'이었죠. 만약 로빈슨 크루소처럼 혼자서 모든 것을 다 생산하려고 하면 생산량도 적고 힘들 거예요. 하지만 각자 잘하는 일을 나눠서 하면 같은 시간에 훨씬 많은 일을 할 수 있어요. 바로 이것이 그가 《국부론》을 통해 국가의 부를 증대할 수 있다고 생각한 비결이었어요.

애덤 스미스는 분업이 시장 안에서 자유롭게 일어나고 국가가 최소한의 역할만 해도 가정과 국가의 살림살이가 좋아질 거라고 보았던 거죠. 시간이 지나며 국가는 밤에 범죄자를 잡는 경찰 역할만 하면 된다고 보아서 '야경국가(夜警國家)'라는 말까지 등장했어요. 국가가 개입하지 않는 가운데 자유로운 생산과 소비 활동이 일어나면서 물질적 풍요로움이 높아진 건 사실이에요.

다만, 국가의 역할이 거기에만 국한되면 안 되었어요. 먼저 시장에서 판매되는 상품들에 대한 사회적 고민이 필요했어요. 사람들이 필요로 하면서 돈을 얼마든지 낸다고 하더라도 중독성 있는 마약을 판매하게 둔다면 많은 문제가 생기기 때문이죠. 노동은 어떤가요? 국가가 규제하지 않는다면 10세 미만의 아동 노동, 임산부의 노동도 개인 간의 자유로운 계약이라는 이름으로 이뤄질 수 있어요. 국가가 아무런 규제를 하지 않는 채 시장에만 맡겨두었을 때 아동 노동은 아무 문제없이 거래되었어요. 실제로 18세기 유럽에서는 아직 말도 배우지 못한 어린아이들이 굴뚝 청소로 내몰렸어요. 몸집이 작아 좁은 굴뚝에 드나들기 쉽고, 임금이 쌌기 때문이죠. 하루 15시간 일을 하고서 식사 시간은 10분 정도 주어졌어요. 굴뚝에서 잠들어 질식하거나 타죽는 아이들도 많았고요.[3]

이외에도 환경보호, 장애인에 대한 보호 등은 시장에서 자연스럽게 해결되지 않았어요. 국가의 역할이 필요했던 거죠. 특히나 제2차 세계대전 이후 '복지국가'가 각 나라의 목표가 되면서 국가

3. 음울한 자본주의…1833년 공장법, 《서울경제》, 2017. 8. 29.
   http://www.sedaily.com/NewsView/1OJXTNHFRS

의 역할은 커졌어요. 우리나라 헌법 제119조에도 경제에 대한 국가의 역할이 2가지로 나뉘어 있어요. 한번 살펴볼까요?

제119조 ①대한민국의 경제 질서는 개인과 기업의 경제상의 자유와 창의를 존중함을 기본으로 한다.

②국가는 균형 있는 국민경제의 성장 및 안정과 적정한 소득의 분배를 유지하고, 시장의 지배와 경제력의 남용을 방지하며, 경제주체 간의 조화를 통한 경제의 민주화를 위하여 경제에 관한 규제와 조정을 할 수 있다.

제1항에서 개인과 기업의 경제상의 자유와 창의를 존중한다고 하지만, 동시에 제2항에서 적정한 소득의 분배, 시장의 지배와 경제력의 남용 방지, 경제주체 간의 조화 등을 위해 경제에 관해 규제와 조정을 할 수 있다고 되어 있어요. 아직은 이러한 말들이 조금 어렵게 느껴질 수 있을 거예요. 한 번에 다 이해하려고 하기보다는 이 책의 6장까지 다 읽고 나서 다시 한 번 살펴보면 더 이해가 많이 될 거예요.

국가에 모든 것을 맡길 수는 없어요

시장에서 생기는 문제를 국가가 나서서 적극적으로 풀어 가면 되지 왜 사회를 이야기하는 건가 궁금할 수 있어요. 먼저 국가 역시 사회의 연장이라는 이야기를 하고 싶어요. 사회란 함께 생활하는 사람들의 모임을 뜻해요. 앞에서 경제의 어원에서 살펴보았듯이 작게는 부모님과 함께하는 가정도 사회이고, 학교의 학급 역시도 사회예요. 그리고 크게는 국가 역시 국민들이 모여 만든 사회이죠. 따라서 시장만큼이나 국가 역시 사회의 연장선에서 생각해 볼 필요가 있어요.

만약 그렇지 않고 이 역시 자동으로 돌아간다고 생각한다면 언제든 문제가 생길 수 있어요. 경제에 있어 시장과 정부는 그 자체로 완벽하지 않아요. 그래서 '시장 실패', '정부 실패'라는 말도 있어요. 앞서 시장 실패의 사례들은 이야기했는데, 정부가 이 모든 것을 다 해결하다 보면 문제를 더욱 악화시킬 수도 있어요. 민간의 자유로운 활동을 축소시킬 수 있고, 정부가 불필요하게 커져서 비용이 많이 들 수 있기 때문이죠.

실제 1970년대 말부터 미국과 영국을 중심으로 정부의 역할을 줄이고, 시장에 다시금 일임하는 '신자유주의' 정책이 시행되었어요. 그렇지만 앞서 시장의 실패 사례에서 보았듯이 시장에게만 경제를 맡길 때 발생하는 문제들이 또 등장한 거죠.

시장도, 국가도 아닌 '사회'를 통해 경제를 풀어가자는 게 사회적 경제에요. 더불어 이는 시장, 국가 모두 사회 안에 있으며, 사회란 사람들의 모임이고 바로 내 옆의 한 사람 한 사람을 중요시하는 마음이 담겨 있어요.

이와 관련해서 미국 민주당 대통령 후보로 나온 로버트 케네디가 1968년 캔자스 대학에서 한 다음 연설[4]을 살펴볼까요?

우리 국민총생산은 한 해 8천억 달러가 넘습니다. 그러나 여기에는 대기오염, 담배 광고, 시체가 즐비한 고속도로를 치우는 구급차도 포함됩니다. 우리 문을 잠그는 특수 자물쇠 그리고 그것을 부수는 사람들을 가둘 교도소도 포함됩니다. 미국삼나무 숲이 파괴되고,

....
4. "세계 곳곳 시시각각 교육-로버트 케네디 연설을 통해 본 국민총생산과 국민행복지수", 〈에듀앤스토리〉, 2010. 8. 5.
http://edunstory.tistory.com/172

무섭게 뻗은 울창한 자연의 경이로움이 사라지는 것도 포함됩니다. 네이팜탄도 포함되고, 핵탄두와 도시 폭동 제압용 무장 경찰 차량도 포함됩니다. 우리 아이들에게 장난감을 팔기 위해 폭력을 미화하는 텔레비전 프로그램도 포함됩니다.

그러나 국민총생산은 우리 아이들의 건강, 교육의 질, 놀이의 즐거움을 생각하지 않습니다. 국민총생산에는 우리 시의 아름다움, 결혼의 장점, 공개 토론에 나타나는 지성, 공무원의 청렴성이 포함되지 않습니다. 우리의 해학이나 용기도, 우리의 지혜나 배움도, 국가에 대한 우리의 헌신이나 열정도 포함되지 않습니다.

간단히 말해, 그것은 삶을 가치 있게 만드는 것을 제외한 모든 것을 측정합니다.

어떠세요? 국가의 부도 중요하지만 무엇을 위한 부인지, 그리고 국민들의 삶에 어떤 영향을 미칠지도 중요한 문제라는 생각이 들지 않나요? 그래서 사회적 경제에서는 국가 못지않게 좀 더 작은 사회 단위들에 주목해요. 앞서 경제의 어원을 이야기하며 이코노미가 그리스어로 가계(家計, Household)를 뜻하는 '오이코스(Oikos)'에서 파생되었다고 했죠. 나라 살림살이 못지않게 가정 살림살이, 내 이웃들과 함께하는 우리 마을의 살림살이도 중요한 기준입니다. 애덤 스미스의 《국부론》은 국가를 부자로 만드는 방법이잖아요. 국가가 부자여도 국민들이 가난하고 불행하다면 어떨까요? 물론, 가난한 국가의 국민들은 훨씬 더 열악한 환경 속에서 살겠죠. 하지만 국가의 부를 늘리는 것만으로 국민들의 행복이 바로 증대되는 것이 아닌 것도 사실이에요.

"마을이 세계를 구한다." 비폭력 저항 운동으로 유명한 인도의 지도자 간디가 일찍이 한 말이에요. 마을 하나하나가 독립적인 '마을 공화국'이 되면 세상을 바꿀 수 있다고 보았던 거죠. 영국에서 독립할 당시 인도 전역에는 70만 개의 마을이 있었다고 해요. 간디는 이들 마을이 각각 자급자족하며 느슨하게 연결되어 서로 협력하는 세상을 꿈꾸었습니다. 작은 마을이야말로 진정한 민주주의를 바탕으로 지속 가능한 성장을 이룰 수 있다고 보았기 때문이에요. 사회적 경제는 이처럼 나와 내 이웃이 함께 행복해질 수 있는 경제를 위한 활동이에요.

우리 '혼자' 말고 '함께' 가요

이처럼 사회적 경제는 정부와 시장에만 맡기는 게 아니라 우리 스스로의 힘을 모아 사회를 통한 경제활동을 하는 것입니다. 그러면 이러한 사회적 경제를 위해 가장 중요하게 생각해야 할 목표가 무엇일까요? 시장의 원리에 따른다면 어떻게 하면 보다 많이 생산하고 돈을 많이 벌 수 있을까를 고민해야 하겠죠. 정부의 원리에 따른다면 공공성에 따른 보다 많은 국민들의 행복 증진에 있을 테고요.

사회적 경제는 개인의 가치만이 아닌 사회적 가치를 함께 추구해요. 시장과 정부의 원리 모두를 취하기도 하고 그 둘 사이에서 균형을 맞추기도 해요. 앞서 헌법에서도 나와 있는 개인의 자유와 창의에 대한 존중과 함께 더불어 사는 사회에 대한 고민도 함께해야 한다는 의미이죠. 개인들의 경쟁과 이윤 추구만이 아닌 또 다른 측면에서 사람, 공동체, 사회가 중심이 되어 협동과 호혜라는 '함께'의 가치를 지향하는 경제의 영역이 있어요. 이미 2009년 노벨 경제학상을 수상한 엘리너 오스트롬(Elinor Ostrom)은 《공유의 비극을 넘어》를 통해 정부와 시장이 아닌 공동체적 해결을 제시하고 있어요. 어장이나 목초지 등 공유 자원은 누구의 것도 아니기에 경쟁적으로 이용해서 훼손되지 않도록 정부가 규제해야만 하는 것으로 여겨질 수 있는데요. 이 경제학자는 미국·캐나다·터키·일본의 사례 연구를 통해 수백 년 동안 많은 지역에서 주민들이 '자발적으로' 공유 자원을 잘 관리해왔다는 사실을 발견해 그 원리를 알려주고 있어요.

그렇다면 우리 주변에서 볼 수 있는 구체적인 공동체적 해결의 원리는 어떤 것이 있을까요? 서울 북촌에 가면 스페인 음식 전문 레스토랑 떼레노[5]가 있어요. 100인의 미식가가 평가한 코릿 랭킹 상위 10위에 꼽힌 맛집이죠. 유명정치인, 기업가, 외국 대사가 즐겨 찾는 고급 음식점인데, 다른 곳과 다른 또 하나의 특징이 있어요. 이곳에는 결혼이주여성과 학교 밖 청소년들이 많이 일하고 있어요. 다른 곳에서는 취업이 어려운 이들을 보다 적극적으로 고용하면서 경제적 가치와 함께 사회적 가치를 만들어내는 사회적 기업 요오리아시아가 낸 음식점이기 때문이죠. 이처럼 요오리아시

....
5. 사회적 경제 언론인 포럼, 《사회적 기업 참 좋다》, 서울시 사회적 경제지원센터, 2017, 59~62쪽

아는 2012년부터 결혼이주여성을 위한 여러 사업을 하고 있어요. 만약 베트남 여성이 무거운 주방기구를 제대로 다루지 못하면 보통은 체구가 작은 동남아 여성에게 적합한 일이 아니라고 단정 지어요. 하지만 이곳에서는 "기구를 바꾸면 되지!"라면서 체형에 맞는 프라이팬을 구매하죠. 청년들에게 열정페이를 강요하는 외식 업계 풍토에서 오요리아시아는 인턴에게도 최저 임금을 보장해주고 있어요. 착하기는 하지만 수익성은 부족할 거라는 통념을 깨고 최고의 요리점으로 운영하며 시장에서도 많은 고객이 찾고요.

어떠세요, 와 닿으세요? 보통 기업이라 하면 수익을 내기 위해서 사람들을 고용하고 설비를 돌리죠. 목적은 수익이기에 수익이 높지 않으면 사람을 해고하기도 해요. 그런데 이처럼 결혼이주여성 및 학교 밖 청소년들 등 취업이 어려운 이들에게 일자리를 마련해주고 교육, 훈련의 경험을 주는 곳이 있어요. 기업인 이상 수익을 내야 하지만, 수익만이 목적은 아닌 거예요.

이처럼 사회적 경제는 이윤 추구를 우선하는 영리 기업과 사회적인 목적을 추구하는 비영리 조직의 중간 지점에 있답니다. 경제적 가치 추구와 사회적 가치 추구라는 두 마리의 토끼를 모두 잡는 경제활동이죠. 그래서 사회적 경제 기업들은 사회적 목적을 우선으로 추구하면서 이러한 목적 달성을 위해 재화·서비스의 생산·판매 등 영업 활동을 수행합니다. 영리 기업이 주주나 소유자를 위해 이윤을 추구하는 것과는 달리, 이들은 지역사회에 필요한 서비스를 제공하고 일자리를 갖기 어려운 이들을 적극적으로 고용하는 등 사회적 목적을 주된 목적으로 추구한다는 점에서 차이가 있어요.

'나 혼자 살기도 어려운 세상에 남들까지 생각하다가 망하는 거아니야?'라는 생각이 들 수도 있어요. 그런 친구들을 위해 서울특별시교육청 〈초등학교 사회적 경제 교수·학습자료〉에도 실린 실화 하나를 들려드리고 싶어요. 2014년 인터넷에서 화제가 된 6학년 운동회 이야기에요. 다들 좋아하는 운동회를 가기 싫어하는 친구가 있었어요. 이 친구는 연골무형성증이라는 지체 장애가 있었죠. 키가 작아 놀림을 많이 받고, 놀이기구도 타기 어려웠어요. 운동회에서 꼴찌는 늘 정해져 있었기에 운동회 날은 매년 상처뿐이었고요. 학년이 높아질수록 점점 더 벌어지는 친구들과의 격차로상처는 더욱 깊어졌어요. 그런데 이 친구가 졸업하는 마지막 6학년 운동회 때 깜짝 이벤트가 이뤄졌어요. 같은 조 친구들이 뒤처진 친구에게 모두 달려와 손을 잡고 일렬로 다 함께 결승선을 넘어선 거죠.

사회적 경제란 이처럼 빨리 달려가는 것 못지않게 '함께' 가는 것을 중요시해요. 아프리카에는 '우분투(Ubuntu)'라는 인사말이 있어요. 아프리카에서 가장 널리 쓰이는 말 중 하나인 반투어의 인사말이죠. 우분투는 '우리가 있기에 내가 있다.'라는 뜻이랍니다. 이와 관련한 유명한 일화가 있어요. 아프리카 부족을 연구하던 어느 인류학자가 한 부족 아이들을 모아놓고 게임 하나를 제안했다고 해요. 저 멀리 딸기가 가득 찬 바구니를 놓아둔 다음에 먼저 바구니까지 뛰어간 아이에게 과일을 모두 주겠다고 한 거죠. 하지만 아이들은 미리 약속이라도 한 듯 서로의 손을 잡고 함께 달려가 딸기를 나눠 먹었어요. 인류학자가 아이들에게 이유를 묻자 그들의 입에선 '우분투'라는 단어가 나왔어요. 한 아이가 인류학자에게 되물었죠. "나머지 다른 아이들이 다 슬픈데 어떻게 나만 기분 좋을 수가 있는 거죠?"

운동회 날의 풍경과 비슷하죠? 나만이 아닌 다른 사람도 함께 생각하는 경제에는 이처럼 사람 사는 사회의 원래의 모습이 담겨 있답니다.

함께함으로써 더 풍부해지는 마법

　함께한다는 것이 꼭 누군가를 일방적으로 돕거나 숭고한 희생만을 의미하는 건 아니에요. 때로는 다른 사람과 함께할수록 나의 몫이 더 커지기도 해요. 혹시 마법의 돌 수프 이야기를 알고 있나요? 어느 여행객이 마을에 들러 먹을 것을 구하는데, 인심이 야박해 아무도 먹을 것을 주지 않자 여행객은 자신에게 마법의 돌이 있다고 말해요. 자신에게 큰 냄비를 빌려주면 마법의 돌을 이용해 맛있는 수프를 만들어주겠다고 한 거죠. 그렇게 큰 냄비에 한참 돌만 끓이다가 "당근, 양파 등 재료가 더 있으면 더 맛있을 텐데……." 하고 혼잣말을 해요. 마을 사람들은 각자 집에 있는 재료를 가져오게 되고 결국 맛있는 수프가 완성되었죠. 이처럼 나만이 아닌 다른 사람과 함께하는 경제는 우리에게 더 풍요로운 마음과 나눠 쓸 수 있는 세상을 만들어줍니다.

너무 이상적인 이야기 아니냐고요? 애덤 스미스가 발견한 국가가 부자가 될 수 있는 비결이 뭐였다고 했죠? 네, 바로 분업이에요. 각자 잘하는 것을 함께 하고, 각자가 가진 자원을 함께 나눠 쓰면 때로는 마법의 돌만큼이나 놀라운 기적이 발휘되기도 해요. 이러한 분업의 원리는 시장에서 돈이 아닌 상호 간의 신뢰를 바탕으로 교환되기도 하죠.

예를 들어 소비자와 생산자가 시장가격으로만 거래를 하는 것이 아니라 협력을 통해 새로운 관계를 만들어 내요. 이러한 새로운 경제활동으로 인해 서로 이익을 보고요. 예를 들어 2010년 김장철[6]에 배추 한 포기 가격이 1만 원 선을 웃돌며 파동이 벌어질 때 소비자와 생산자가 함께 만든 협동조합에서는 전혀 다른 일이 벌어졌어요. 생산자와 약 2,500원으로 계약 생산한 30만 포기의 김장배추를 조합원에게 1,600원대에 공급할 수 있었죠.

비결은 무엇이었을까요? 바로 생산자와 소비자의 협력을 통한 거래 방식에 있었어요. 구성원들 간 협력을 통해 서로 이익을 볼 수 있는 구조를 만들기 위해 노력했죠. 유통 단계는 최대한 줄이고 유통 비용은 최소화함으로써 생산자와 소비자 모두에게 혜택이 돌아갈 수 있도록 했어요. 소비자들이 구매할 양을 미리 생산

---

6. 배추 1포기 1600원 … 생협은 채소파동 몰랐다, 《중앙일보》, 2010. 10. 20.
   https://news.joins.com/article/4546543

자들과 약속했기 때문에, 생산자는 걱정 없이 농사를 짓는 데 전념할 수 있었죠. 소비자 역시 안심할 수 있는 먹거리를 늘 적정 가격으로 구할 수 있었고요. 든든한 구매층을 바탕으로 일반 기업보다 광고홍보비 등 마케팅 비용도 줄일 수 있고요. 요컨대 거품을 싹 뺀 적정 가격이 생산자와 소비자 모두에게 혜택을 주게 된 거죠.

이쯤에서 앞서 살펴본 사회적 경제 정의를 다시 살펴볼까요?

구성원 간 협력·자조를 바탕으로 재화·용역 생산 및 판매를 통해
사회적 가치를 창출하는 민간의 모든 경제적 활동

이제 조금은 더 와 닿지 않나요? 여러분은 시장에서 생필품을 잘 구매하지 않기 때문에 여전히 나와 거리가 멀리 있는 일로 느껴진다고요. 위키피디아나 네이버 지식인은 어떠세요? 지식과 정보를 상호 공유함으로써 우리는 생각하지 못한 혜택을 받을 수 있어요.

이처럼 서로가 가진 자원과 능력을 모으면 생각하지 못했던 풍요로움이 생길 수 있어요. 우리의 일상에는 이런 '품앗이' 원리가 곳곳에 있습니다. 품앗이는 우리나라 전통으로서 농사일을 하거나 집짓기를 할 때 혼자서는 할 수 없는 일을 마을 주민들이 서로 요청해서 하는 것이죠. 나를 도와준 만큼 다음에는 내가 도와주는 거예요. 우리집 김장을 할 때 옆집에 도움을 요청하는 것과 같은

원리지요.

또한 여러분도 이미 하고 있는 실천이기도 해요. 국어를 잘하는 친구가 수학을 잘하는 친구와 함께 짝을 이뤄서 품앗이 교육을 하니까요. 가지고 있는 지식뿐만 아니라 물건도 나눌 수 있어요. 반에서 공유 필통이나 공유 장터를 만들어서 해볼 수 있죠. 나에게 이제 필요 없지만, 반 친구들에게는 유용할 만한 물건을 찾아볼 수도 있을 테고요.

이처럼 사회적 경제란 꼭 어려운 이웃만을 위한 경제가 아닌 혼자서는 하기 어려운 일을 사회를 통해서 해낼 수 있게 하는 원리이기도 합니다. 공유만 하는 게 아니라 함께 자원을 모아서 공동으로 경제활동을 해나가기도 하고요.

주인공이 되어 사회 문제를 함께 풀어가요

　어떠세요, 사회적 경제의 의미가 조금은 더 와 닿나요? 지금까지 경제의 어원에서 시작해 경제 안에 원래 포함되어 있던 사회를 끄집어내 보았어요. 경제활동에는 여러 사람이 포함되어 있고 다양한 관계 속에서 이뤄짐에도 '보이지 않는 손'으로만 설명하다 보면 경제가 마치 '자동 기계'처럼 여겨지곤 하거든요. 하지만 경제란 우리의 가치 판단과 그에 따른 참여로 얼마든지 바뀔 수 있는 활동이에요. 시장과 정부에만 맡기는 것이 아닌 우리 스스로의 선택과 참여에 따라 얼마든지 바뀔 수 있고요.

　이와 관련해 페미니스 경제지리학자 J.K.깁슨-그레이엄과 제니 캐머런 등이 함께 쓴 《타자를 위한 경제는 있다》[7]에서는 다음과

⋯⋯⋯⋯⋯⋯⋯⋯
7. J. K. 깁슨-그레이엄 외, 앞의 책, 19~21쪽

같이 경제의 원리를 '공동체 텃밭'에 비유해 설명하고 있어요. 공동체 텃밭에는 햇볕, 비, 토지, 토양과 같은 자연의 선물과 씨앗과 도구, 비료의 사용, 이를 경작하는 농부의 노력 등 다양한 요소가 결합되어 있죠. 그리고 이러한 모든 투입물은 텃밭을 가꾸는 생산적인 활동 속에서 상호작용을 하고요. 이렇게 생산해낸 산물 중 일부는 농부와 가족들이 먹고 씨앗을 저장하며 퇴비를 만들기도 하고 다른 친척과 이웃에게 주고요. 그들은 경제는 기본적으로 이런 텃밭의 원리와 같다고 해요. 모든 경제는 공유재를 어떻게 관리하고 나눌지, 생존을 위해 무엇을 생산할지, 함께 생존하는 과정에서 타인들과 어떻게 관계를 맺을지, 얼마나 많은 잉여를 생산하고 이를 어떻게 분배하며, 이를 위해 잉여를 어떻게 투자할지를 둘러싼 결정들의 반영이라고 하고요.

더불어 이러한 협동과 공유는 고리타분한 것이 아닌 제4차 산업혁명 시대에 주목받는 원리이기도 해요. 세계경제포럼 회장으로서 4차 산업혁명을 대중적으로 확산한 클라우스 슈밥(Klaus Schwab)은 1차 산업혁명을 기계에 의한 생산, 2차 산업혁명을 전기를 바탕으로 한 대량 생산, 3차 산업혁명을 인터넷 혹은 디지털 혁명으로 규정하고 4차 산업혁명의 핵심 기술을 인공지능, 사물인터넷, AR, VR 등의 용어를 통해 설명하고 있어요. 또한 제4차 산업혁명을 대중적으로 확산한 2016 세계경제포럼에서는 현재 초등학교에 재학 중인 아이들의 65%가 현재에는 존재하지 않는 새로운 형태의 직업을 갖게 될 전망도 제시되었어요. 단순 반복적인 육체노동 관련 기술, 단순 지식에 기반한 인지적 기술을 요구하는 직업은 대폭 줄어들고, 틀에 얽매이지 않는 분석적 기술과 대인관계 기술을 요구하는 직업은 이미 상대적으로 증가하고 있다는 거죠. 그래서 세계경제포럼은 '21세기 기술'이라는 이름 아래 16가지 핵심기술을 제안했어요. 문해와 수해 능력과 같은 '기초 기술'도 있지만 협력·창의성·문제해결력 같은 '역량', 일관성·호기심·주도성과 같은 '인성'도 중요하게 요구되는 기술이죠.

그렇습니다. 다른 사람들과 협력해서 창의적으로 문제해결을 해나가는 역량 그리고 이러한 과정에서 일관되며 호기심을 유지하고 주도를 할 수 있는 인성이야말로 미래사회에 필요한 기술인 것이죠. 창의성이란 아주 새로운 것이 아닌 서로 다른 생각과 역량이 결합하였을 때 생기니까요. 이러한 협업을 통한 문제해결은 사회적 경제에서 매우 중요시하는 부분이며, 여러분들이 사회적 경제를 배우고 관련한 활동을 하며 익혀갈 수 있는 부분들이기도 하답니다.

멀리 갈 것 없이 여러 히어로들이 총출동하는 마블 유니버스, 아이돌 그룹의 경우에도 이러한 협동을 통한 시너지가 발휘되고 있는 셈이고요. 혼자서는 노래 한 곡을 소화하기 어려운 가수도 춤을 잘 추는 멤버, 랩을 잘하는 멤버 등 각기 다른 매력을 지닌 이들과 함께 그룹을 이뤄 최고의 인기를 누리곤 하니까요. 사회적 경제는 이처럼 혼자서는 할 수 없는 일을 '함께'했을 때 더 큰 힘을 발휘하면서 이뤄내는 경제랍니다.

사람에 대한 고민이 필요해요

나, 다니엘 블레이크 (I, Daniel Blake, 2016)
켄 로치 감독

2016년에 개봉한 〈나, 다니엘 블레이크〉는 영국을 배경으로 해요. 평생을 성실하게 목수로 살아가던 다니엘은 지병인 심장병이 악화되어 일을 계속해나갈 수 없는 상황에 부닥쳐요. 아내가 치매로 오랫동안 고생해서 간병 및 병원비로 돈을 쓴 터라 심장병을 치료할 돈을 마련하기 어려웠죠. 다니엘은 국가에서 질병 치료 시 보조해주는 금액을 받기 위해 관공서를 찾아갑니다. 하지만 복잡하고 관료적인 절차 때문에 신청은 지지부진하죠. 또한 다니엘의 투박하고 비협조적인 태도가 원인이 되어 질병수당도 실업수당도 모두 잘리고 말아요. 전문의가 진단한 심장병을 주인공 다니엘을 대면한 적도 없는 공무원이 깎아내리기도 하고요.

그러던 중 다니엘은 혼자서 아이를 키우며 사는 케이티를 우연히 만나게 됩니다. 케이티는 런던에 있는 사회 시설의 단칸방에서 생활하다 겨우 집을 구해 생소한 뉴캐슬로 삶의 근거지를 옮겼어요. 그녀는 약속 시간에 늦었단 이유로 어려운 이웃을 위해 국가가 보조해주는 생활 보조금을 받을 수 없게 돼요. 당장 아이들을 학교에 보내야 하고, 먹고살 게 없는 사정 따위는 아랑곳없었죠.

이 영화는 우리에게 "국가와 사회는 무엇인가?"라는 질문을 던집니다. 다니엘이 주장하는 '인간으로서의 존엄'은 당연하고 기본적인 권리임에도 꽉 막힌 사회 시스템 안에서 번번이 좌절당해요. 시스템의 논리가 앞서는 가운데 정작 사람에 대한 고민은 뒷전이 되고 만 거죠.

앞서 우리가 살펴본 것처럼 경제란 사람들이 더불어 잘 살 수 있게 하는 하나의 시스템이라고 할 수 있어요. 그렇다면 시스템의 논리 자체가 아니라 그 안의 사람들, 그들의 존엄과 행복이 무엇보다 중요한 것일 테고요. 이 영화를 보며 "경제의 본래 목적은 무엇일까?", "사회를 경제에 덧붙여 강조하는 이유는 무엇일까?"를 함께 생각해보면 어떨까요?

2장

사회적 경제는 어떻게 시작되었나요?

사회적 경제는 1800년대 초에 유럽과 미국에서 처음 등장했으며, 우리나라에서는 1920년대에 농민협동조합 형태로 시작됐지만 일제강점기 동안 많은 탄압을 받았어요. 한국전쟁이 끝난 후 1960년대부터 신용협동조합이 곳곳에 설립되고 확산되기도 했으나, 전체적으로 사회적 경제활동은 정체기였다고 할 수 있어요. 2007년에 〈사회적 기업 육성법〉이, 2012년에 〈협동조합기본법〉이 제정되어 사회적 경제와 관련한 법적 근거가 마련되기도 했어요. 촛불 혁명으로 들어선 문재인 정부는 특히 경제활동의 공적 영역을 중시하는 사회적 경제를 활성화하는 데 관심이 많아요. 그래서 더 많은 지원을 위해 관련 법령을 제정하는 등 노력을 펼치고 있죠.

김익록

강원도 원주에서 태어나 대학 시절과 짧은 직장 생활을 제외하곤 줄곧 고향에서 살았다.
무위당 장일순 선생께서 세우신 대성중·고등학교에 근무하면서 지역 시민 사회 활동에 참
여했다. 2014년부터 강원도교육청에 근무하며 마을교육공동체와 사회적 경제 교육 사업
을 담당하고 있다.

어디에서 어떻게 출발했을까?

사회적 경제의 구체적인 활동은 다양한 형태로 펼쳐질 수 있지만, 그중에서도 가장 대표적인 것이 협동조합이라고 할 수 있어요. 물론 협동조합의 형태도 다양한 모습으로 나타나지요. 우리나라에서 제일 처음 신용협동조합이 만들어진 곳은 부산이에요. 1960년 5월에 메리 가브리엘라(Mary Gabriella Mulherin, 1900~1993) 수녀님이 메리놀 병원에 '성가신협'을 세우셨어요. 1960년대 한국전쟁이 끝나고 모두가 살기 어려운 시절, 저축하는 것도 남에게 돈을 빌리거나 빌려주는 것도 어렵던 시절, 단순히 구호품을 배급하기보다는 사람들이 자립할 수 있도록 지원하는 것이 더 필요하다고 생각한 가브리엘라 수녀님은 가난한 사람들을 돕고자 당시 적은 이자를 내고도 돈을 빌려 쓸 수 있도록 신용협동조합을 세웠어요. 그리고 같은 해 6월 장대익 신부(1923~2008)님이 서울에서 가톨릭중앙신협을 설립하셨어요.

비슷한 시기에 우리나라 최초로 신용협동조합을 세우신 두 분은 오늘날까지 우리나라 신협 운동의 선구자로 존경받고 있어요. 그리고 이렇게 설립된 신용협동조합이 우리나라 사회적 경제의 시작이라 볼 수 있죠.

사실 조금 더 거슬러 올라가면 이웃과 함께 서로 보살피고 도우면서 살아가는 제도는 이미 조선 시대부터 있었다고 할 수 있어요. 두레, 계, 품앗이 등이 그것입니다. 두레는 농사지을 때 힘든 노동을 함께하는 공동 노동조직으로 모내기, 김매기 등 노동력이 많이 필요한 일을 할 때 요긴하게 활약했어요. 그뿐만 아니라 관례(성인식), 혼례(결혼식), 상례(장례식), 제례(제사) 등 마을의 크고 작은 일에 힘을 모아 함께 처리하는 등 조직적으로 활동했고요. 철저하게 공동 작업에 참여한 만큼씩 계산해서 분배했는데, 마을 안에서 과부나 노인들만 있고 두레에 참여할 남자가 없는 가정에 대해서는 따로 배려하고 우선 지원하는 시스템을 갖추고 있었으니, 마치 오늘날의 사회복지나 사회부조의 성격과 비슷한 면도 지니고 있던 셈이지요.

계(契)는 '회(會)'라고도 부르는데, 주민의 필요에 따라 자발적으로 생겨난 집단으로, 두레나 품앗이보다 훨씬 더 흔하고 활발했어요. 계는 그 기원이 불확실하고 종류가 다양하며 기능도 복잡해요. 대체로 계원들이 서로 돕고 친목과 공동 이익을 실현하려는 목적을 가지고 일정한 규약을 만들어 운영한다는 특징을 가지고 있어요. 두레는 농업 인구가 줄면서 요즘엔 거의 찾아보기 어렵지만, 계는 지금도 우리 주변에서 많이 볼 수 있는데, '반짓계', '상조계', '친목계' 등이 그것이에요. 과거에는 일반적으로 은행보다 높은 이자를 주는 '목돈 마련계'가 한창 유행했던 적도 있었는데, 계주(계를 관리하는 사람)가 어느 날 갑자기 사라져 버려서 계원들이 큰 손해를 입는 사건이 종종 일어나 사회적으로 물의를 일으키기도 했어요. 어쨌든 같은 목적을 가진 사람들이 자발적으로 모여서 만들고 활동하는 '계'는 분명 사회적 경제활동의 한 사례라고 할 수 있어요.

품앗이는 마을 안에서 개인이나 작은 집단 간에 이루어지는 공동 노동, 혹은 노동을 교환하며 필요할 때 서로 돕는 것을 말해요. 품앗이를 위해서는 개인이나 작은 집단 간에 서로 도움을 주고받을 수 있는 상호부조와 의리 그리고 믿음이 있어야 하겠지요? 품앗이는 자기 힘만으로는 해내기 어려운 작업을 할 때 노동력을 주고받는 방식으로 자주 이루어졌어요.

옛날에는 결혼이나 장례 등 관혼상제가 있을 때 앞집, 뒷집, 옆집이 서로 돕는 미풍양속을 흔히 찾아볼 수 있어요. 옆집 지붕이 태풍에 날아가면 얼른 달려가서 수리하는 것을 도와주고, 우리 집 암소가 새끼 날 때 옆집 아저씨가 오셔서 밤새워 도와주시는 게 자연스러운 시절이었지요. 요즘은 결혼식 준비를 웨딩플래너와

예식장에 맡기지만, 30년 전만 해도 결혼식이나 어르신 생신 잔치가 있으면 동네 사람들이 우르르 몰려가 2~3일씩 음식을 함께 준비하고 돕는 모습을 종종 볼 수 있었어요.

이렇게 과거 농업사회에서부터 존재했던 두레, 계, 품앗이를 우리나라 사회적 경제활동의 시작으로 봐야 한다는 주장은 매우 설득력이 있어요. 그러고 보면 사회적 경제활동이라는 것이 어느 날 불쑥 등장한 것이 아니라 우리에게는 꽤 '오래된 전통'이라고도 말할 수 있겠지요?

다시 신용협동조합 이야기로 돌아와 볼까요? 메리 가브리엘라 수녀님과 장대익 신부님은 이후 1963년 서울에 '협동교육연구원'을 운영하면서 많은 지도자를 길러내고 신용협동조합을 전파합니다. 1989년에 가브리엘라 수녀님은 "오늘날 신용은 돈을 뜻하지만, 우리에게 있어 '신용'은 서로 간의 '믿음'을 의미합니다. 조합원이나 직원이 실수를 하더라도 벌주거나 내쫓지 말고, 그가 실수를 이겨낼 수 있도록 용서하고 기회를 주는 것이 신용협동조합 운동의 정신입니다."라고 말씀하셨어요. 신용협동조합을 하는 사람들이 가져야 할 용기와 신뢰 그리고 조합원 간의 가족과도 같은 관계를 강조하신 거죠.

부산과 서울에서 신협이 만들어지고 연구원에서 교육이 이루어지면서 협동조합 운동은 전국으로 확산되었어요. 교육을 통해 길러낸 많은 활동가가 곳곳에서 활약하는데, 특히 1960년대 후반부터 원주를 중심으로 펼쳐진 협동조합 운동을 눈여겨볼 필요가 있어요. 원주의 협동조합 운동을 이야기하려면 지학순 주교님과 무위당 장일순 선생님 두 분을 빼놓을 수가 없어요. 1960년대 말부터 이 두 분께서 강원도 원주를 중심으로 펼치신 협동조합 운동은 1990년대 초 두 분께서 돌아가신 뒤에도 오늘날까지 그 정신과 철학을 면면히 이어왔기에 많은 사람이 원주를 '우리나라 협동조합의 메카'라고 부르며 찾아오고 있어요. 1965년에 천주교 원주교구가 만들어지고 초대 교구장으로 부임하신 지학순 주교님은 당시 로마에서 오랜 기간 동안 열렸던 '제2차 바티칸 공의회' 정신을 충실하게 실천하십니다. '제2차 바티칸 공의회'는 1962년부터 1965년까지 로마가톨릭교회가 앞으로 어떤 방향으로 개혁해 나갈 것인가를 논의했던 모임인데, 교황 요한 23세와 교황 바오로 6세 두 분께서 이끄셨어요. 여기에서 특히 교회의 사회적 책임을 강조했는데, 이는 곧 '교회가 사회 문제를 해결하기 위해 적극적으로 나서야 한다는 것'이었습니다. 지학순 주교님은 원주교구에 재직하시는 동안 바로 이 '교회의 사회적 책임'을 철저하게 실천하기 위해 사회정의와 인권 운동을 펼치셨어요.

교통이 불편하고 경제적으로 넉넉하지 못한 농어촌 지역 주민들의 삶의 질을 개선하기 위해 신용협동조합 운동을 펼치고, 학교를 세웠으며, 전국 최초로 원주에 가톨릭센터를 건립하여 이곳에서 지역사회를 개발하고 문화생활을 향상시키려는 목적으로 다양한 사업을 펼치셨지요. 지학순 주교님은 또한 부정부패 추방 운동과 재해 대책 사업도 적극적으로 추진했는데, 1970년대 중반에는 유신 체제를 선포하고 독재정치를 하던 박정희 정권에 맞서 싸우며 정의롭지 못한 현실을 개선하기 위해 주저하지 않고 나섰어요. 1980년대에 이르러서는 사회복지 활동을 다양하게 펼친 지학순 주교님은 가난하고 소외된 이웃을 먼저 돕고 그들이 스스로 자립할 수 있도록 지원하는 일에 최선을 다하셨어요.

지학순 주교님의 생각을 엿볼 수 있는 일화 하나 소개해 드릴까요? 1970년 4월 28일, 서울 YMCA 강당에서 '삥땅 심포지엄'이 열립니다. 노동문제연구소라는 단체에서 주관한 행사였는데요. 한 버스 안내원 소녀의 호소에 대해 지학순 주교님께서 응답하는 자리였어요. 예전에는 시내버스에 어린 여성들이 차장(안내양이라고도 합니다)으로 함께 타고 다니며 손님들에게 요금을 받고 정류장에 설 때마다 안내도 했어요. 그런데 이들이 버스 회사로부터 받는 임금은 매우 낮았지요. 그들은 대부분 가난한 시골 마을에서 서울로 올라 와 버스 안내원으로 일하면서 어려운 집안 살림에 보탬을 주고 있었죠. 하지만 워낙 적은 임금이라 생계를 잇기조차 어렵다 보니 이들이 요금을 일부 빼돌리는 일이 종종 발생했어요. 이것을 '삥땅'이라고 불렀어요. 회사에서 차장 소녀들의 삥땅을 적발하겠다고 구석구석 몸수색을 하는 식의 인권 침해도 자주 있었고요.

이날 심포지엄은 한 어린 차장 소녀가 자신이 처한 이런 상황을 호소하는 자리였어요.

"과연 터무니없이 낮은 임금을 받는 이들이 버스 요금의 일부를 빼돌리다가 적발되어 불이익을 받거나, 이를 적발하겠다는 회사로부터 인권 침해를 당하는 것을 정당하다고 할 수 있는가? 이 어린 소녀들이 범죄자인가?"

이 주제를 놓고 토론하는 자리였는데, 여기에서 지학순 주교님께서는 "삥땅은 범죄가 아니다."라고 선언하십니다. 성직자가 실정법을 위반한 행동에 대해 범죄가 아니라고 했으니 난리가 났겠지요? 지학순 주교님께서는 이렇게 말씀하셨어요.

"삥땅을 한 것은 잘못된 행동이지만, 너의 잘못이 아니다. 회사가 노동에 대한 정당한 대가를 지불하지 않아서 생계가 어려운 네가 살기 위해 어쩔 수 없이 저지른 일이니, 너를 그렇게 행동하게 만든 회사와 사회 체계가 문제다."

어린 소녀들이 자신의 노동에 정당한 대가를 받지 못하는 부조리한 사회적 시스템의 문제를 지적하신 거예요. 잘못된 일임에도 많은 사람이 그 부당함을 이야기하지 않던 시절, 정의롭지 못한 세태를 비판하고 바로잡고자 하셨던 지학순 주교님은 이미 사회적 경제가 만들고자 하는 세상을 그리고 계셨던 거예요.

이윤을 추구하는 자본주의 시장 경제는 이익이 생기지 않은 일에는 잘 투자하지 않으려고 해요. 하지만 사회적 경제는 이익이 적거나 아예 없는 일이라도 그것이 꼭 필요하다면 주저하지 않고 투자하기 때문에 가치를 만들어내는 활동이라고도 해요. 따라서 지역사회 문제를 해결하기 위해 지학순 주교님께서 펼치신 다양한 사업이야말로 대표적인 사회적 경제활동이라고 할 수 있죠.

사회적 경제는 1800년대 초에 유럽과 미국에서 처음 등장했으며, 우리나라에서는 1920년대에 농민협동조합 형태로 시작됐지만, 일제강점기 동안 많은 탄압을 받았어요. 한국전쟁이 끝난 후 1960년대부터 신용협동조합이 곳곳에 설립되고 확산되기도 했으나 전체적으로는 사회적 경제활동은 정체기였지요.

그러다가 1997년에 소위 'IMF'라고 불리는 외환위기 사태 전후로 크게 발전했어요. 갑자기 들이닥친 실업률 증가, 고용 불안정, 빈부격차 심화 문제들을 해결하기 위한 대안으로 사회적 경제가 등장했기 때문이죠. 그래서 2007년에 〈사회적 기업 육성법〉이, 2012년에는 〈협동조합기본법〉이 제정되어 사회적 경제와 관련한 법적 근거가 마련되기도 했어요. 촛불 혁명으로 들어선 문재인 정부는 특히 경제활동의 공적 영역을 중시하는 사회적 경제를 활성화하는 데 관심이 많아요. 그래서 더 많은 지원을 위해 관련 법령을 제정하는 등 노력을 펼치고 있죠. 앞으로 우리나라도 사회적 경제활동이 확산되어 좀 더 평등하고 정의로운 사회를 만드는 데 기여할 수 있기를 기대해 봅니다.

협동조합의 도시, 원주 이야기

협동조합과 사회적 경제를 공부하는 많은 사람이 원주를 찾는 이유는 무엇일까요? 원주에 가면 '밝음신협'이라는 건물이 있어요. 1990년대 초에 지어진 이 건물의 1~2층엔 신용협동조합이 있고, 3층엔 원주의 료사회적협동조합이 운영하는 '밝음 의원'이, 4층엔 '무위당 기념관'이 있어요. 그 외에도 '원주 소비자를 위한 시민의 모임' 등 많은 시민단체가 이곳에 둥지를 틀고 활동하고 있죠. 밝음신용협동조합은 이들 단체들에게 싼값으로 사무실을 임대해 그들의 활동

무위당 장일순 선생님(1928~1994)

을 돕고 있습니다. 이 건물은 원주에서 활동하는 시민 사회 운동 단체들의 중심지 역할을 톡톡히 하고 있죠. 이 건물 2층에 있는 밝음신협 이사장실에는 이런 액자가 하나 걸려 있어요.

'불환빈 환불균(不患貧 患不均)'이라는 공자(孔子)님 말씀 한 구절을 나무에 새긴 것이에요. "가난한 것을 걱정하지 말고 고르지 못한 것을 걱정하라"는 뜻입니다. 백성이 골고루 잘 살지 못하고 평등하지 못한 것을 바로잡는 것이 정치하는 사람들이 해야 할 일이라는 말씀이지요. 신용협동조합이 왜 필요한지를 한마디로 말해 주는 구절이에요. 이 액자의 글씨를 쓰신 분이 바로 무위당 장일순 선생님입니다.

장일순 선생님은 살아계실 때 '청강(靑江)', '무위당(無爲堂)', '일속자(一粟子)'등 여러 개의 호를 쓰셨는데, 여기서는 무위당 선생님이라고 부르기로 해요. 무위당 선생님을 기리기 위해 제자와 후배들이 이 건물 4층에 세운 것이 '무위당 기념관'이고, 해마다 전국 각지에서 수천 명의 사람이 무위당 선생님의 삶과 사상을 좇아 이곳을 찾아오고 있어요.

무위당 선생님은 1960년대에 천주교 원주교구 교구장으로 부임한 지학순 주교님과 함께 협동조합운동을 펼친 분이에요. 1970년대에는 박정희 대통령의 유신 독재에 저항하는 민주화 운동을 했던 많은 분이 사상적 대부로 존경하며 따랐고, 1980년대 이후에는 인간과 환경, 생태계의 모든 존재와의 관계 맺기와 공존을 중시하는 생명 사상의 아버지로 많은 사람이 정신적 스승으로 여기는 분입니다.

1965년, 40대 젊은 나이에 새로 신설된 원주교구를 맡아 부임하신 지학순 주교님과 만난 무위당 선생님은 "교회가 적극적으로 나서서 가난하고 소외받는 이웃을 도와 정의로운 사회를 만들어야 한다."고 '교회의 사회 참여'를 강조한 '제2차 바티칸 공의회' 정신을 실천하기 위해 함께 많은 일을 해나갑니다. 원주교구에서 세운 진광중·고등학교에 '협동교육연구소'를 만들어 일주일에 한 시간씩 '협동조합교육'을 하는 한편으로, 한국 최초의 학교신용협동조합이라고 할 수 있는 '원주진광신용협동조합'을 만들어 이 학교 학생들이 학교에 다니는 동안 협동조합 운동과 정신을 직접 배우고 실천할 수 있도록 했어요. 학교신용협동조합에서 직접 운영하는 이 학교 매점에서는 불량식품을 절대 팔지 않고 건강한 먹거리와 꼭 필요한 학용품만 팔았고, 역시 직접 운영하는 학교 식당은 이윤을 남기지 않고 좋은 재료로 음식을 만들어 제공했기에 밥맛이 좋다고 소문이 자자했어요.

두 분께서는 1970년대 초에 남한강 유역에 큰 비가 내려 피해가 생기자 그 수해 복구 사업을 협동조합 방식으로 펼쳤어요. 당시에는 홍수 피해를 당한 지역에 밀가루와 옷가지 등 식량과 물품을 무상 지원하는 것이 일반적인 구호 방식이었는데, 이 분들은 그렇게 하지 않으셨어요. 예를 들어, 피해 지역 주민들이 협동조합을 만들게 해 돈이나 소를 지원한 뒤 2년 뒤에 돌려받는 방식으로 운영했어요. 소를 주고받는 경우에는 어린 소를 받아 키운 뒤 그 소가 자라 새끼를 낳으면 큰 소는 자기가 갖고 낳은 새끼를 갚게 했지요. 그 송아지는 다시 다른 사람에게 빌려주어 똑같은 방식으로 상환하게 하고요. 피해를 당한 주민들이 스스로 극복하고 일어설 수 있도록 자립심을 키워주려는 목적이었어요. 두 분께서는 항상 "배고픈 사람에게 생선을 주지 마라. 생선 잡는 방법을 가르쳐줘라."라고 말씀하셨다고 해요.

당시 농촌이나 광산촌에 사는 사람들은 살림살이가 매우 어려웠어요. 두 분께서는 이들이 서로 도우며 어려움을 이겨낼 수 있도록 각 지역 성당에 신용협동조합을 만들고 협동조합교육을 하셨어요. 신용협동조합이란 서로 믿을 수 있는 사람들끼리 모여서 힘을 모아 자금을 만들고, 그 믿음을 바탕으로 돈을 빌려주고 갚아나가는 금융협동조합입니다. 당시에는 은행 문턱이 워낙 높아서 가난한 서민들이 은행에서 돈을 빌리기가 쉽지 않았대요. 그래서 신용협동조합은 가난한 사람들이 자립하기 위해서 서로 돕는 협동조합 운동 중의 하나라고 할 수 있어요.

무위당 선생님은 "협동조합은 민주주의를 배우고 훈련하는 것이다."라고 말씀하셨어요. 신용협동조합을 만들고 교육을 받으면서 사람들에게 생각하는 힘이 생기고, 먹고 자고 입는 생활 속 자신들의 문제가 무엇인지 알게 되는 것이죠. 당시 서울에서 멀리

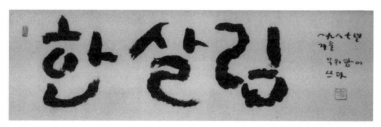

무위당 장일순 선생님께서 쓰신 한살림 로고

떨어진 시골 마을일수록 여러 단계의 유통 과정을 거치다 보니 상품 가격이 매우 비쌌다고 해요. 이를 알게 된 마을 주민들이 소비자협동조합을 만들고 공동구매해서 자신들에게 필요한 물건들을 이전보다 싼 값에 사서 쓸 수 있게 되니 얼마나 이로워진 거예요.

이 소비자협동조합은 나중에 다시 생활협동조합으로 발전합니다. 생활협동조합은 단순히 공동구매로 소비자가 이익을 보는 것을 넘어, 협동 정신을 바탕으로 조합원들의 생활을 개선하고 삶의 질을 높이자는 운동이에요. 더 나아가 지역사회 발전과 자연생태계 보전, 더불어 사는 사회를 이루는 것을 목적으로 하죠. 대표적인 것이 바로 '한살림생활협동조합'이고요.

한살림생활협동조합은 1980년대 중반 무위당 선생님께서 주위 여러분들과 함께 공부하고 뜻을 모아 만들었어요. 생산자 조합원과 소비자 조합원들이 협동해서 사람과 자연, 도시와 농촌이 함께 사는 생명 세상을 만들려는 목적으로 시작했어요. 한살림생활협동조합은 '밥상을 살리고, 농업을 살리고, 생명을 살리자'는 구호

아래 도시와 농촌 간 직거래 운동과 지역 살림 운동을 펼치고 있어요. 최근에는 병원의 이익이 아니라 환자의 건강을 먼저 생각하는 의료사회적협동조합, 나라에서 제대로 보살펴 드리지 못하는 가난한 노숙인들이 자립하기 위해 만든 '갈거리사회적협동조합', 노인들이 스스로 경제적인 어려움 없이 살아갈 수 있도록 힘을 모아 만든 '노인생활협동조합' 등 다양한 형태의 협동조합 운동들이 원주, 그리고 전국에서 만들어지고 있어요.

사실 원주가 제일 처음 협동조합이 만들어진 곳이 아닌데도 불구하고 오늘날 협동조합의 도시라고 불리는 건 지학순 주교님과 무위당 선생님 두 분이 계셨기 때문이에요. 이 분들 뒤를 따라 많은 제자가 협동조합 운동을 열심히 해왔거든요. 특히 무위당 선생님은 협동조합 운동의 사상적 스승이라고 할 수 있어요. 왜 전국에서 해마다 수천 명이 원주를 찾아오는지, 왜 원주를 협동조합의 메카라고 부르는지 이제 알겠지요?

민주주의의 바탕을 만들어요

메리 가브리엘라 수녀님이나 장대익 신부님 그리고 지학순 주교님과 무위당 선생님께서 만들고자 했던 세상은 사람들이 스스로 자기 삶의 주인으로서 당당하게 살아가면서 서로 돕고 배려하면서 문제를 함께 해결하는, 그래서 모두가 잘 사는 세상(여기서 잘 산다는 것의 뜻은 단지 물질적으로 풍요로운 것만을 의미하지 않아요!), 즉 모든 사람이 인간답게 살 수 있는 세상이었어요. 그리고 그것이 바로 우리가 꿈꾸는 민주주의, 인간의 존엄을 실현하는 자유롭고 평등한 민주주의 세상이 아니겠어요?

하지만 우리가 지금 살고 있는 세상은 과거에 비해 물질적으로는 풍요롭고 편리해졌을지 몰라도 사람들이 진정 행복하고 편안하게 살고 있다고는 할 수 없겠지요. 돈과 지위와 명예라는 부수적인 가치들이 인간의 존엄이라는 가장 소중한 가치를 외면하거나 짓밟는 일들이 너무 많이 일어나고 있거든요.

"세상 참 말세야!"라고 말하는 이들이 많지만, 그렇게 말하는 우리조차 자신도 모르게 세속적인 가치의 노예가 되어 살고 있는 건 아닌지 돌아봐야 합니다. 그런 면에서 1장에서 읽었던 '우분투' 이야기는 큰 교훈을 주지요. "우리가 있기에 내가 있다"는 뜻의 아프리카 말, 과일을 갖지 못한 친구들이 행복하지 않은데, 나 혼자서 행복할 수 있겠냐는 아이들의 말은 많은 것을 생각하게 합니다. 우리 문화는 내가 행복해지기 위해 친구들과 경쟁해서 이겨야 하는 현실 속에 점점 더 각박해지고 있으니까요.

자본주의가 발전하면서 나타난 경제적 불평등이나 환경오염 등의 사회적 문제는 해결하기가 쉽지 않아요. 실제로 경제가 발전하고 물질적으로 풍부해져도 사람들이 느끼는 만족감이나 행복감이 높아지지 않는 것은 바로 이 때문이죠.

사회적 경제는 기존 시장 경제와는 달리 경제적 이익을 추구하면서도 사람, 분배, 생태 환경 등의 가치를 중시해요. 일반 기업들이 이윤을 추구하기 위해 활동한다면 사회적 경제 기업은 이윤 추구뿐만 아니라 사람들에게 필요한 재화와 서비스를 제공하기 위해 활동하죠. 일반 기업들은 이익이 적거나 없는 사업에는 투자를 하지 않는 데 비해 사회적 경제 기업은 사람들에게 필요한 것이라면 이익이 나지 않아도 과감히 투자해요. 정부에서 미처 돌보지 못하는 복지 사각지대를 지원하고, 마을과 지역 문제를 해결하는 활동을 하죠. 이렇듯 가난하고 소외된 사람들이 사람답게 살 수 있도록 사회적으로 가치 있는 일을 하기 때문에 사회적 경제활동은 평등한 세상을 만들고 민주주의를 실현하는 바탕이 돼요.

벌써 오래전부터 저 네 분께서는 '스스로 일어설 수 있는 힘을 가지고(자립, 自立), 약자를 도우며 이웃과 함께 살아가는(자조, 自助)' 삶이야말로 인간답게 사는 것이라는 것을 많은 사람에게 깨우치려고 하신 거예요. '이대로 가다가는 인간도 자연도 모두 함께 망할 수도 있겠구나!'라는 성찰에 이르신 것이고, 이러한 위기에서 벗어나기 위해 협동 운동, 환경 운동, 사회 운동을 강조하신 거죠.

특히 지학순 주교님과 무위당 선생님께서 1960년대부터 1970년대를 거쳐 1980년대에 이르기까지 펼치신 일들은 나날이 각박해지고 있는 지금 현실에서 볼 때, 마치 하늘에 빛나는 별처럼 가치 있고 의미 있는 일들입니다. 그래서 많은 사람이 아직도 원주를 '협동 운동의 메카', '생명 운동의 발상지'로 여기며 찾아오는 것이고요.

우리가 있어 내가 존재해요

　우리가 살고 있는 세상은 빠르게 변하고 있어요. 아이를 잘 낳지 않아 이대로 가다가는 인구가 급격히 감소할 거예요. 몇십 년 뒤 시골 작은 마을이나 동네 중에는 아예 없어지는 곳이 생길 수도 있다고 하네요. 불과 60년 전만 해도 3대(할아버지-아버지-나)가 한 가정을 이루고 사는 집이 많았지만, 최근에는 혼자 사는 '독거 가정'이 늘고 있다고 해요. 정부에서는 비정규직 일자리와 실업자를 줄이기 위한 정책을 펴고 있지만, 효과도 미미하고요. 특히 청년 실업 문제가 심각합니다. 그런데 이런 것들은 비단 우리나라만의 문제가 아니라 전 세계적인 현상이라고 봐야 해요. 대표적으로 빈부격차 문제는 국제적으로 서로 영향을 주고받는 자본주의 시장경제 체제 속에서 살아가는 나라에서 공통적으로 나타나는 문제죠. 이런 문제를 해결하기 위해 여러 가지 방안이 나오고 있지만 아직은 효과가 거의 없는 형편이에요.

이런 현실 속에서 사회적 경제가 완전한 대안이 될 수는 없겠지만, 어느 정도 문제를 완화하거나 부족한 부분을 보완해주는 역할은 할 수 있을 것이라는 기대를 해볼 수 있습니다. 적자생존(適者生存, 잘 적응하는 자만 살아남는다)이나 승자독식(勝者獨食, 경쟁에서 이긴 사람이 모든 것을 독차지한다)의 논리가 지배하는 사회 속에서는 누구도 행복하게 살아갈 수 없잖아요. '혼자가 아니라 함께', '돈이 중심이 아니라 사람이 중심'이 되는 삶을 살아가려고 노력해야 하며, 그런 노력이 정의로운 사회를 만들 수 있다는 생각을 가지고 살아가야 합니다. 이런 삶의 방식을 가능하게 하는 것이 바로 사회적 경제와 협동조합이 추구하는 가치라고 할 수 있어요. 그렇기 때문에 '우리가 있기에 내가 있다'는 우분투 정신으로 살아갈 때 나도 이웃도 함께 행복할 수 있습니다.

마지막으로 원주밝음신용협동조합 이야기를 하나 더 해드릴게요. 신용협동조합은 서민들이 십시일반 푼돈을 모아 자금을 마련하고 꼭 필요한 사람에게 빌려주어 그들이 자립할 수 있도록 돕겠다는 목적으로 만들어졌어요. 그래서 조합원 중에서 예금한 사람에겐 은행보다 더 높은 금리를 주고, 돈이 필요한 사람에겐 더 쉽게 빌릴 수 있도록 운영하고 있어요. 이렇게 운영해서 이윤이 남으면 조합원들이 합의해서 일정액을 배당하기도 하고, 일정액은 공공성을 지닌 사업에 투자합니다.

원주밝음신용협동조합이 원주소방서에 기증한 구급차

원주밝음신용협동조합이 만들어질 때 무위당 선생님께서 큰 역할을 하셨고, 이후에도 운영하는 데 자문 역할을 많이 하셨어요. 그래서인지 이 신협은 협동조합의 근본정신을 실천하려고 더더욱 노력해왔습니다. 그중 하나가 1980년에 그때 시세로는 꽤 큰돈인 540만 원을 들여 구급차를 사서 원주소방서에 기증한 일이에요. 당시에는 지금처럼 차가 많지 않았고, 교통이 매우 불편해서 야간에 응급환자가 발생하면 병원에 가는 것도 큰일이었어요. 그해 11월 19일 열린 원주밝음신용협동조합 제97차 이사회에서 '24시간 근무하는 소방서에 구급차를 기증하여 원주시민들에게 교통편의를 제공하자'는 결의를 한 뒤 12월 30일에 구급차 한 대를 기증합니다. 이렇게 기증한 구급차는 응급환자를 수송하는 일을 포함해서 여러 가지 면에서 아주 큰 역할을 했고, 이후 소방방재청에서 구급차를 운영하는 계기가 되었다고 해요. 오늘날 '119 구급대'의 효시라고 할 수 있는 거죠. 이 일로 원주밝음신용협동조합은 원주 시장과 원주소방서장 그리고 내무부장관으로부터 감사패와 표창 장을 받기도 했어요. 그 당시에는 지금처럼 소방방재청이 따로 독립되어 있지 않고 내무부 소속이었거든요. 신용협동조합이 지역 사회의 공공 영역에 크게 기여한 사례라고 할 수 있겠지요?

이런 사례들이 사회적 경제를 이해하는 데 큰 도움이 될 수 있을 것이라고 생각해요. 사회적 경제가 우리 사회의 모든 문제를 다 해결해줄 수 있는 만병통치약은 아니지만, 공적인 영역에서 중요한 역할을 하고 있으며, 소외된 사람들을 포함해서 모든 사람이 인간답게 살 수 있는 민주주의를 만드는 데 크게 기여할 수 있다는 사실을 잊지 말아야겠지요?

나락 한 알 속에 우주가 있다

쌀 한 톨의 무게 1, 2 (무위당 장일순 선생님의 이야기, 2012)

EBS 지식채널 e

EBS 교육방송에서 제작해 방송하는 '지식채널e'라는 프로그램이 있어요. 2012년에 무위당 장일순 선생님 이야기를 1, 2부 두 편으로 제작해 방영했죠. 무위당 선생님께서 1972년 대홍수로 피해를 입은 남한강 유역 주민들을 돕기 위해 재해 대책 사업을 펼치면서 농민들이 스스로 일어설 수 있도록 협동조합 방식을 적용하신 사연과 농약의 남용으로 땅이 오염되고 농민들이 죽어가는 모습을 보고 생산자와 소비자가 서로를 살리기 위해 한살림 운동을 시작하시게 된 이야기들이 담겨 있습니다.

'소비자들은 힘들게 유기농으로 농사짓는 농부들에게 제대로 보상해주기 위해 쌀값을 올리자고 하고, 생산자들은 가뜩이나 높은 물가에 살림살이가 어려운 도시 사람들을 위해 쌀값을 내리자고 주장'하는 협동조합의 감동적인 모습이 담겨 있습니다. 보통 물건을 파는 사람은 더 비싼 값에 팔려고 하고, 사는 사람은 더 싼 값에 사려하기 마련인데, 협동조합 안에서는 서로에 대한 신뢰와 배려를 바탕으로 상대편의 입장을 더 고려하는 장면이 만들어지는 거죠.

EBS 교육방송 홈페이지 '지식채널e'에서 무료로 시청할 수 있어요. 특히 2부 마지막 부분에 삽입된 홍순관 님의 '쌀 한 톨의 무게'라는 노래를 따로 검색해서 들어보시는 것도 좋을 것 같아요. 무위당 선생께서 늘 말씀하셨던 "나락 한 알 속에 우주가 있다."라는 말에서 모티브를 얻어 노래로 만들어 부르셨는데, 그 가사와 음률이 아주 편안하면서도 많은 것을 음미하게 하거든요.

쌀 한 톨의 무게는 얼마나 될까
내 손바닥에 올려놓고 무게를 잰다
바람과 천둥과 비와 햇살과
외로운 별빛도 그 안에 숨었네
농부의 새벽도 그 안에 숨었네
나락 한 알 속에 우주가 들었네
버려진 쌀 한 톨 우주의 무게를
쌀 한 톨의 무게를 재어 본다.
세상의 노래가 그 앞에 울리네
쌀 한 톨의 무게는 생명의 무게
쌀 한 톨의 무게는 평화의 무게
쌀 한 톨의 무게는 농부의 무게
쌀 한 톨의 무게는 세월의 무게, 우주의 무게

3장

학교에서도 할 수 있어요

학교에서도 사회적 경제를 배우고 실천할 수 있어요. 사회적 경제에는 사회적 기업, 협동조합, 마을 기업, 자활 기업 등의 조직이 있습니다. 학교에서는 이 중에서도 학생, 교사, 학부모가 '협동조합'이라는 조직을 만들어 함께 운영해볼 수 있어요. 학교협동조합을 통해 학생 스스로 다양한 사업을 진행해볼 수 있고, 조합원으로 참여하고 학생이사로 활동하면서 민주주의를 몸소 느낄 수 있답니다.

홍태숙

얼떨결에 친 임용시험에 합격하면서 교사가 되었으나, 지금은 누구보다 교사라는 직업을 사랑하는 사람이다. 매곡동 골짜기에서 공기놀이, 고무줄놀이, 콩주머니놀이, 제기차기 등 온갖 놀이에 빠져 지내느라 해가 지는 줄 모르고 놀았던 시골 출신 아줌마 선생님이다.

학교협동조합을 만들어요

학교에서도 사회적 경제를 배우고 실천할 수 있어요. 사회적 경제에는 사회적 기업, 협동조합, 마을 기업, 자활 기업 등의 조직이 있습니다. 학교에서는 이 중에서도 학생, 교사, 학부모가 '협동조합'이라는 조직을 만들어 함께 운영해볼 수 있어요.

여러분에게 협동조합이라는 단어는 별로 익숙하지 않을 거예요. 그러나 이미 우리 주변에는 많은 협동조합 기업이 있답니다. 스페인의 축구팀인 FC바르셀로나, 미국의 썬키스트 오렌지, 뉴질랜드의 제스프리 키위, 세계 3대 통신사의 하나인 미국의 AP통신도 협동조합이거든요.

전 세계에는 협동조합으로 운영하는 회사들이 많고, 조합원만 해도 10억 명이 넘습니다. 2008년 세계 금융위기 때 그리스, 이탈리아, 스페인 등 남부 유럽은 특히 영향을 많이 받아 은행이 파산하고 사람들이 해고되기도 했어요. 그러나 이탈리아나 스페인에서 협동조합으로 운영하는 회사들은 세계 금융위기의 영향을 거의 받지 않고, 오히려 안정된 모습을 보였어요. 그것을 눈여겨본 UN에서는 2012년을 세계 협동조합의 해로 선포했죠. 우리나라에서도 그것을 계기로 다섯 명만 모이면 누구나 쉽게 협동조합을 만들 수 있도록 법을 제정하게 되었습니다. 이것을 「협동조합 기본법」이라고 하는데, 이 법에 따라 학교에서도 얼마든지 협동조합을 만들 수 있게 되었어요. 지금부터는 학교에서 만든 협동조합을 '학교협동조합'이라고 부를게요.

협동조합은 여러 사람이 자금을 모아 함께 사업을 하는 조직이에요. 이때 함께 참여하는 사람을 조합원이라고 부르고, 조합원이내는 돈을 출자금이라고 해요. 협동조합은 가입과 탈퇴가 자유로운데, 협동조합을 탈퇴할 때는 반드시 출자금을 돌려줘야 합니다. 협동조합에 가입하려면 최소한으로 정해진 출자금 이상을 내야해요. 출자금의 액수와 상관없이 조합원은 누구나 협동조합의 주인으로 똑같은 권리와 의무를 가져요. 즉 20만 원의 출자금을 낸교장선생님이나 5천 원의 출자금을 낸 학생이나 똑같은 권리와의무를 가진다는 뜻이죠.

FC바르셀로나를 예로 들어 협동조합을 더 쉽게 설명해 볼게요. FC바르셀로나는 약 20만 명의 축구 팬들이 조합원으로 참여하는 협동조합이에요. FC바르셀로나 협동조합은 150유로(약 20만 원)만

내면 전 세계의 누구나 2년간 조합원이 될 수 있어요. 협동조합에 가입한 경력이 1년 이상이고, 18세 이상이 되는 조합원이라면 6년마다 치러지는 구단 회장 선거에도 참여해 투표권을 행사할 수 있어요. 조합원들은 FC 바르셀로나 경기 입장료의 약 22%를 할인받고 관중이 많을 때는 우선적으로 입장권을 구입할 수 있도록 보장받아요.

FC 바르셀로나에는 유소년 축구 선수 육성 정책인 '라 마시아(La Masia)'라는 시스템이 있는데, 리오넬 메시(Lionel Messi), 주제프 과르디올라(Josep Guardiola), 사비 에르난데스(Xavi Hernandez), 안드레 이니에스타(Andres Iniesta Lujan) 등은 모두 '라 마시아' 출신이랍니다. '라 마시아'에 소속된 선수들은 어릴 때부터 바르셀로나 고유의 축구 경기 방식을 익히며 자라죠. 리오넬 메시는 '라 마시아'의 가치를 몸에 익히며 자란 것이 자신의 인격 형성에 큰 영향을 끼쳤다고 말합니다.

FC바르셀로나 선수들은 축구를 통해 우정, 존중, 팀워크, 동료애, 배려, 희생, 겸손, 포용을 배울 수 있었다고 해요. 축구 기술뿐만 아니라 인성 교육을 철저히 하고, 그런 가치를 어릴 때부터 몸에 익히며 자라도록 하는 것이죠. FC바르셀로나는 협동조합이므로 이런 가치를 중요하게 생각하고, '라 마시아'에서도 이런 교육을 실시하는 것이라고 생각해요. FC바르셀로나는 승리만을 위한 축구가 아니라 매력적이고 품위 있는 축구를 하는 것이 목표이며,

팀이 표방하는 그런 가치 덕분에 축구팀 그 이상의 축구팀이 될 수 있었다고 합니다.

협동조합은 사업을 하는 조직이기 때문에 이윤이 생기도록 잘 운영해야 합니다. 이윤이 생기면 조합원들이 이윤을 나눠 가질 수도 있어요. 하지만 출자금을 많이 냈다고 이윤을 더 가져가지는 않아요. 만약 그렇다면 운영이 잘 되는 협동조합에 돈 많은 사람이 들어와서 출자금을 왕창 내고 이윤을 많이 가져갈 수도 있겠죠? 또 그 사람에게 기분 나쁜 일이 생겨 탈퇴하면서 출자금을 다 가져가면 갑작스러운 출자금 반환으로 협동조합이 휘청거릴 수도 있겠죠? 그래서 협동조합은 돈이 많다고 출자금을 무조건 많이 낼 수 있는 구조는 아니에요. 일정한 금액 이상은 낼 수 없도록 법으로 제한하고 있어요. 이윤을 나눌 때도 출자금을 많이 낸 사람보다는 협동조합을 많이 이용한 사람에게 이윤을 많이 나눠줘요.

다만, 협동조합이 일반 기업과 다른 점은 이윤을 추구하면서도 공익적 가치를 중요시해야 한다는 것입니다. 또 하나 중요한 것은 조합원 모두가 주인이 되어 책임감 있게 운영에 참여해야 한다는 점이죠. 모두가 주인이 되어 운영에 참여해야 한다는 말이 너무 막연해서 무슨 뜻인지 쉽게 이해가 안 되죠? 지금부터는 협동조합을 운영하고 있는 학교를 예로 들어 설명해볼게요.

협동조합은 사업을 하는 조직이니까 학교에서 사업이 될 만한 아이템을 먼저 찾아야겠죠. 학교에서 할 수 있는 사업 아이템에는 어떤 것이 있을까요? 학교의 특성에 따라 다를 거예요. 가장 먼저 떠오르는 것은 쉬는 시간에 학생들이 가장 많이 찾는 매점이겠죠? 그 매점을 학생과 교사, 학부모가 직접 운영해 본다는 것, 참으로 매력적이지 않나요? 우리가 직접 운영하면서 제품의 가격을 낮추고, 품질이 좋은 물건만을 엄선해서 판매할 수도 있어요. 용돈이 필요해 방과 후에 아르바이트를 해야 하는 학생들은 학교 매점에서 아르바이트를 할 수도 있지요.

학교협동조합은 현재 전국적으로 70여 곳 이상 만들어졌습니다. 서울에 있는 영림중학교에서 가장 먼저 만들어진 후, 전국적으로 많은 학교협동조합이 생겼죠. 학교 매점은 학교에서 한 곳뿐인 독과점 가게로 학생들에게는 선택의 여지가 없어요. 학생들이 즐겨 찾는 매점의 불량식품 문제를 해결하기 위해 학교 구성원들이 협동조합을 만들어 직접 운영까지 하게 된 것이 바로 학교협동조합이에요.

대부분 학교협동조합에서는 매점을 사업으로 운영하고 있지만, 학교의 특성에 따라 그 형태가 다양해질 수 있습니다. 서울의 성수공업고등학교에는 자전거 및 오토바이와 관련한 에코바이크과가 있어요. 성수공업고등학교에서는 에코바이크과의 특성을 살려 자전거 정비 및 관련 교육을 주된 사업으로 하는 협동조합을 만들었어요. 서울의 광신정보산업고등학교에서는 협동조합으로 아예 새로운 학과인 방송영상학과를 만들기 위해 준비하고 있어요. 그

준비 단계로 방송반 동아리 담당 선생님과 학생들이 학교 행사뿐만 아니라 지역 행사 등을 촬영해 유튜브에 올리는 등 다양한 활동을 하고 있답니다.

강원도 춘천에 있는 금병초등학교의 비단병풍학교협동조합에서는 먹거리뿐만 아니라 문구류도 판매하고 있어요. 경기도 평택의 청옥초등학교에서는 학교 주변에 문구점이 없어서 문구류를 구입하기 위해 시내까지 나가야 하는 학생들의 불편함을 해결하기 위해 학교협동조합을 만들었어요. 학생들이 중심이 되어 만들어가는 협동조합으로 학생들이 직접 문구점 이름과 로고를 만드는 데 참여하기도 했죠.

강원도 영월에 있는 연당초등학교에서는 학교협동조합을 만들어 아로니아를 재배해서 잼으로 가공해 판매까지 하고 있어요. 생산 과정부터 가격까지 자치 회의를 통해 직접 결정하고, 5일마다 서는 영월 장에서 판매한다고 합니다. 초등학생이 가격을 결정하는 게 쉽지 않다 보니 담당 선생님이 시중 가격을 알려주면 자치 회의를 열어 못생긴 오이는 가격을 좀 내리고, 성성한 토마토는 가격을 더 받는 등 학생들이 직접 결정한다고 해요.

그런데 여기에서 주의할 점이 있습니다. 학교협동조합은 위에서 말한 일반 협동조합과 달리 이윤이 생겼을 때 조합원들이 이윤을 나눠 가지지 않고 공익적인 일에만 사용해야 한다는 까다로운 조건이 있어요. 이런 협동조합을 사회적 협동조합이라고 하는데,

학교협동조합은 모두 사회적 협동조합이에요.

그렇다면 학교협동조합의 이윤을 어디에 사용하면 좋을까요? 학생 장학금으로 수여하거나 지역의 독거노인이나 복지관에 기부하는 방법도 있을 거예요. 갑작스러운 아버지의 실직으로 생활비가 부족한 친구가 있다면 그 친구에게 생활비를 지원해주는 방법도 있겠죠. 저녁 식사 해결이 안 돼서 야간 자율학습에 참여하지 못 하는 친구가 있다면 석식비를 지원해주는 방법도 있을 테고요. 이윤의 사용처에 대해서는 조합원이 모여서 직접 결정하면 되는 거죠. 이렇듯 학교에서도 협동조합을 운영하면서 사회적 경제를 배울 수 있답니다.

학교 안에서 사회적 경제를 경험해요

세상을 바꾸는 마개 2그램

우리는 학교 안에서 협동조합을 운영하면서 사회적 경제를 경험할 수 있어요. 학교협동조합으로 운영하는 매점에서는 과자나 음료수를 비롯해 아이스크림, 생수 등을 판매하고 있어요. 우리가 마시는 생수 뚜껑의 무게가 2그램인데 이것을 재활용 센터에 판매하면 1원 남짓 받아요. 아주 적은 금액이지만 우리가 생수 뚜껑을 모아서 아이쿱 생협에 갖다 주면 생수 뚜껑 1개당 30원의 기금을 보태줘요. 그러면 금세 큰 금액으로 불어나죠. 이 돈을 모아 캄보디아, 몽골, 미얀마에 정수 시설을 만들어줘요. 아이쿱생협에서는 이것을 '세상을 바꾸는 마개 2그램' 운동이라고 부릅니다. 여기에 같이 동참하면서 흙탕물로 목을 적시는 아프리카 아이들이 처한 현실을 함께 생각해보고 물의 소중함을 이야기하기도 해요.

학생들은 운동 후에 물보다는 음료수를 훨씬 많이 찾는데, 학생들이 마시고 버린 음료수 캔을 처리하는 건 여간 힘든 일이 아니에요. 음료수를 덜 마시고 쓰레기통에 던지면서 주변으로 남은 음료수가 튀거나 캔이 쓰레기통에 안 들어갈 때도 있죠. 이런 문제를 어떻게 처리하면 좋을지 협동조합에서는 학생들과 함께 고민했습니다.

그 무렵 서울의 독산고등학교에서는 학생들의 요구를 받아 협동조합 수익금으로 축구공을 대여해주고 있었어요. 학교가 약간 경사진 곳에 있다 보니 운동장에서 공을 세게 차면 학교 담벼락을 넘어 경사진 도로로 굴러가 사라지기 일쑤였죠. 이런 환경적 요인 때문에 축구공이 분실되는 일이 빈번하게 발생했어요. 매점 수익금으로 구매하니까 공이 분실되어도 찾으러 가지 않는 학생들을 발견하게 되었고, 그 문제를 해결하기 위해 학생들이 스스로 캔을 모아 판매한 돈으로 축구공을 사서 대여해주자는 의견이 나왔어요. 우리는 이 프로젝트를 '캔모아 축구공'이라고 이름 붙였습니

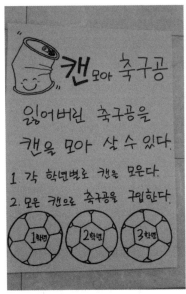

캔모아 축구공 포스터   캔모아 축구공

다. 처음에는 익숙하지 않아 캔 안에 남은 음료수 때문에 학부모
님들이 고생을 많이 했는데, 실제로 축구공을 사서 대여하기 시작
하면서 학생들이 조금씩 신경을 쓰는 모습이 보였어요. 어떤 남학
생은 아버지가 마신 맥주 캔을 가방에 한가득 담아오기도 했어요.

이 활동을 진행하면서 자원 재활용의 중요성과 분리수거 방법
에 대해 교육했어요. 이런 교육을 통해 자원을 재활용하는 것이
나에게도 이득이 된다는 사실을 알게 되죠.

협동조합으로 운영하는 매점이라는 공간을 이용해서 교복 재활
용 사업을 할 수도 있어요. 여러분의 나이에는 몇 달 사이에 키가

쑥쑥 자라기도 하고 몸무게가 늘기도 하죠. 그럴 때마다 매번 비싼 교복을 새로 살 순 없을 거예요. 학교협동조합에서 선배들의 깨끗한 교복을 저렴한 가격에 판매한다면 아주 유용하겠죠? 이런 활동은 공간만 있다고 해결되는 건 아니에요. 누군가가 교복을 사고 판매하는 일을 담당해야겠죠? 이런 활동도 조합원이 함께하면 가능하답니다. 교복 재활용 사업은 학교협동조합 공간을 활용해 1년 내내 열리는 교복 장터라고 생각하면 돼요. 교복 재활용 사업을 위해 학생조합원들이 마을 목공소에서 직접 옷장을 만들기도 하고, 사업 홍보를 위해 포스터 대회를 개최하기도 했습니다. 졸업하기 전에 교복을 기증하는 학생도 있지만, 간혹 대학교에 입학해서 첫 만우절 때 교복 한 번 입어보고 기부하겠다는 학생도 있어요. 다행히 요즘은 그런 문화가 많이 사라지고 있어 졸업과 동시에 기부하는 학생들이 많아졌어요.

학교협동조합으로 운영하는 매점에서는 공정무역 제품을 판매하는 경우도 있어요. 여러분은 '공정무역'이 무엇인지 아시나요? 공정무역이란 제3세계의 농가에 덤핑 가격이 아닌 정당한 가격을 지불해 해당 국가의 농민들이 자립할 수 있도록 돕는 무역을 말해요. 아직도 아프리카를 비롯한 제3세계에는 아동에게 혹독한 노동을 시키고 말도 안 되는 임금을 지불하는 경우가 많답니다. 학교협동조합에서는 이런 현실을 널리 알리면서 공정무역 제품에 대한 홍보를 하는 것입니다.

공정무역 제품은 정당한 가격을 지불하기 때문에 다른 제품보다 가격이 비싼 게 사실이에요. 독산고등학교 협동조합 동아리 '우리함께'에서는 공정무역에 대한 홍보와 함께 학생들에게 공정무역 초콜릿을 판매하기도 했어요. 공정무역 초콜릿은 일반 초콜릿보다 비싸기 때문에 학생들이 구매할 수 있을 정도의 가격으로 맞추기 위해 협동조합 수익금으로 일정 부분 보조해주었어요. 공정무역 제품이 비싸더라도 구매할 가치가 있다는 것을 학생들이 알 수 있는 기회를 주고 싶었던 것입니다. 공정무역 캠페인을 접한 한 조합원은 그날 이후로 초콜릿을 사 먹을 때마다 공정무역 초콜릿을 구매하는 것을 볼 수 있었어요. 매번 공정무역 초콜릿을 구매하는 학생에게 이유를 물었더니, 조금 비싸더라도 공정무역 제품 구매로 아동 노동 착취가 사라질 수 있다면 충분히 가치가 있다고 생각하기 때문이라고 해요.

마포구 성미산마을에는 '문턱 없는 밥집'이라는 곳이 있습니다. 점심때 비빔밥 메뉴 한 가지만 판매하는데, 마음껏 먹고 밥값은 형편껏 내는 특이한 식당입니다. 독산고등학교 협동조합에서도 이것에서 힌트를 얻어 '미리내 100원'이라는 것을 운영했어요. 매점에서 물건을 산 후에 동전 거스름돈을 챙겨가기 귀찮아하는 학생들을 보며 생각해낸 아이디어였죠.

이 동전을 기부하면 잔돈이 부족해 과자를 못 사먹는 학생들이 친구들이 미리 내주고 간 100원의 도움을 받아 사 먹을 수 있게 되

독산누리사회적협동조합 '미리내 100원'

는 거죠. 다음에는 도움을 받은 친구가 다른 친구들을 위해 미리 100원을 내고 갈 수도 있고요. 영림중학교에서도 '미리내 100원'에서 힌트를 얻어 '짜리 친구'라는 것을 운영하고 있는데, 취지를 잘 이해한 학생들은 적극적으로 참여한다고 합니다. 이렇듯 우리는 인생을 살면서 서로 돕기도 하고 도움을 받기도 해요. 여러분도 앞으로 그런 경험을 많이 하게 될 거예요.

이 외에도 학교협동조합 공간을 이용해 사회적 경제와 관련한 다양한 활동을 할 수 있습니다. 독산고등학교에서는 방학을 활용해 '천 원 교실'이라는 강좌를 개설했어요. 강좌 내용은 냠냠 요리 교실, 꽃꽂이 교실, POP[1] 교실, 천연화장품 만들기 교실이에요. 방학 때는 매점을 이용하는 학생들이 거의 없기 때문에 매점을 열면 오히려 손해라서 대부분의 학교에서는 방학 중 영업을 하지 않아

'냠냠 요리교실'에서 수제 햄버거를 만드는 모습

요. 그런데 방과 후 수업과 자율학습에 참여하는 학생들이 도시락을 먹을 장소가 마땅치 않다며 매점 공간을 빌려달라는 요구를 했어요. 수익만을 따지면 절대로 매점 영업을 하면 안 되지만, 학교협동조합은 조합원의 복지도 중요하기 때문에 결국 문을 열기로 했습니다.

하지만 예상대로 점심시간에 도시락을 먹으러 오는 한두 팀 이외에 매점을 이용하는 학생은 거의 없었어요. 파리만 날리는 매점을 놀리기에는 아까워 생각하게 된 것이 '천 원 교실'이었죠. 방학 동안에는 급식 신청자가 적어서 급식이 제공되지 않았기 때문에

....
1. 판매점 주변에 전개되는 광고와 디스플레이류 광고의 총칭. 구매시점광고, 판매시점 광고라고도 한다.

학생들의 불편이 컸어요. 이 문제를 해결하기 위해 개설한 것이 바로 '냠냠 요리교실'이었습니다. 학부모조합원 중 조리사 자격증을 가지고 있는 분이 계셔서 일주일에 하루 날을 잡아 요리 교실을 열게 된 거죠. 학부모조합원 강사님의 지도로 햄버거, 고추장 불고기 볶음밥, 볶음우동, 만두 등의 요리를 만들어 먹었어요. 학생들은 천 원만 내면 누구든지 참여할 수 있었죠.

학부모조합원 중에 꽃꽂이와 POP 강사 자격증이 있는 분이 있어서 열게 된 강좌가 꽃꽂이 교실과 POP 교실입니다. 꽃꽂이 강사님은 싱싱하고 예쁜 꽃으로 수업을 진행하기 위해 강의가 있는 날마다 새벽 일찍 양재동 꽃시장에 가서 직접 꽃을 구매해 오는 열성적인 분이셨죠. 꽃꽂이 교실에 참가한 어떤 남학생은 멋진 꽃바구니를 만들어 어머니 선물로 가지고 가기도 했고, '천 원 교실'에서 만든 꽃바구니를 지역사회 복지센터에 기부하기도 했어요.

POP 강사님은 학생들에게 POP를 가르쳤을 뿐만 아니라 나중에는 시화체까지 가르쳐서 매점 공간에서 학생들의 작품으로 시화 전시회까지 열 수 있도록 도와주셨습니다. POP 강좌에 참가한 학생이 열심히 배워서 졸업하기 전에 시화 전시회를 하고 싶다는 바람을 말하면서 얼떨결에 시화체까지 배우게 된 거죠.

천연화장품 만들기 교실은 위의 강좌들이 개설되는 것을 보고 학부모조합원이 자발적으로 재능 기부 의사를 밝히면서 개설하게 된 강좌입니다. 천연화장품을 만들면서 우리 몸에 해로운 성분에 대해서도 공부하고 생활 환경교육도 진행했죠. '천 원 교실'에서 진행한 강좌의 재료비는 학생들이 낸 천 원보다 훨씬 많이 들었지만 협동조합 수익금으로 충분히 보충할 수 있었어요.

여러분은 어쩌면 이런 일이 사회적 경제와 무슨 관련이 있는지 의아해할 수도 있을 것 같아요. 우리 주변의 사회적 문제를 해결하고 더 좋은 세상을 만들기 위해 노력하는 과정에서 발생하는 경제는 모두 사회적 경제라고 할 수 있어요. 사회적 경제는 특별한 것이 아니랍니다. 1회용 플라스틱이나 스티로폼 사용을 줄이는 것, 양치질할 때 컵을 사용하는 것, 세수할 때 물을 받아놓고 하는 것, 엄마들이 시장갈 때 장바구니를 들고 가는 것 등 이 모든 것이 실은 사회적 경제와 깊은 관련이 있지요. 우리가 일상생활에서 행하는 사소한 행동이더라도 그것으로 인해 사회적 비용을 조금이라도 줄일 수 있다면 그것도 사회적 경제라고 할 수 있어요. 최근에 청와대 참모진들이 회의를 진행할 때 1회용 컵 대신 텀블러나 머그잔을 사용하자고 결정한 것도 사회적 경제라고 할 수 있습니다.

우리가 결정하면서 자치 능력을 키워요

학교협동조합에 참여하면 다양한 것을 배울 수 있어요. 조합원의 숫자가 많으면 어떤 것을 결정할 때 모든 조합원의 의견을 물어서 결정하기까지는 시간이 오래 걸리고, 한번 모이기도 쉽지 않아요. 그렇기 때문에 조합원 대표로 이사를 선출해서 이사회를 꾸려요. 협동조합의 대표라고 할 수 있는 이사장은 이사 중에서 선출하게 되죠. 많은 일이 이사회에서 결정되므로 조합원을 제대로 대표할 수 있는 조합원을 이사로 잘 선출해야 합니다.

학교협동조합으로 매점이라는 사업체를 운영하려면 매점에 어떤 과자, 아이스크림, 음료수 등을 들여놓아야 할지 조합원들이 의논해서 결정해요. 교원조합원과 학부모조합원은 학생들의 건강을 생각해서 친환경 제품을 들여놓아야 한다고 강력하게 주장하는 반면, 학생조합원은 학생들의 입맛을 생각해야 한다고 강력하게 반대하기도 하죠. 이럴 때 우리는 어떻게 해야 할까요? 개인 사업자가 매점을 운영한다면 이런 논쟁이 필요 없겠죠? 아마 제품 성분이 무엇이든 상관하지 않고 학생들이 가장 좋아하는 메뉴 중에서 마진율이 높은 제품을 판매할 거예요.

하지만 학교협동조합에서는 어느 누군가의 일방적인 주장으로 결정되지는 않습니다. 목소리가 큰 조합원이 주장하거나 어른 조합원이 주장한다고 무조건 받아들여지지는 않는다는 거죠. 모든 조합원이 모여 서로 이해가 되도록 상대방을 설득하고 주장하기도 하면서 의견을 조율하죠. 만약, 이사회에서 의견 조율에 실패하면 어떻게 해야 할까요? 학교협동조합에서는 이럴 경우 투표로 결정하는 방법이 있어요. 누구나 한 사람당 한 표의 투표권을 가지기 때문에 각자 자기 생각대로 의견을 표시하면 되는 거죠. 이때 각 당사자는 조합원들의 의견을 잘 대변할 수 있도록 사전에 의견을 골고루 듣고 와야 합니다. 즉 학생이사는 학생조합원의 의견을 최대한 많이 듣고 와서 이사회에서 학생들의 의견을 잘 대변해야 한다는 뜻이죠.

매점에서 친환경 제품을 팔아야 한다는 주장에 어느 정도 동의하지만, 학생들이 좋아하는 맛인지 자신이 없을 때는 친환경 제품 시식회를 열어보자는 의견을 낼 수도 있어요. 그럴 경우, 학교협동조합에서는 시식회를 열어 소비자인 학생들의 의견을 수렴해서 그 의견을 바탕으로 최종적으로 결정할 수도 있어요. 학교 매점에서는 문구류를 비롯해 학생들이 많이 찾는 실내화, 스타킹, 빗, 머리끈 등을 판매하기도 하고요. 매점 공간은 한정되어 있어 물건의 종류를 무한대로 진열할 수는 없겠죠? 이럴 때 학생들이 가장 필요로 하는 물품이 무엇인지, 문구류 중에서는 어떤 물품을 꼭 취급하면 좋을지 모두 조합원의 의견을 바탕으로 선정합니다.

학교에 따라서는 물품선정위원회가 따로 있기도 하고, 어떤 학교에서는 학생조합원이 직접 문구 도매상에 가서 물품 리스트와 가격을 적어오기도 해요. 그것뿐만 아니라 물건 값을 직접 정하기도 하지요. 학생조합원은 협동조합의 주인이니까 조합원 입장에서 생각해보라고 하면 무조건 물건 값을 높게 책정하려고 합니다. 그렇지만 학생조합원은 한편으로는 매점에서 직접 물건을 사야 하는 소비자이기도 하잖아요.

소비자 입장에서 생각해보라고 하면 이번에는 지나치게 마진율을 낮게 잡으려고 해요. 양쪽 모두의 입장에서 생각해보면서 물건 값을 정해보라고 하면 학생들은 정말 진지하게 가격에 대해 고민한답니다. 그리고 매점 공간 임대료, 전기세, 수도세, 인건비, 소모품비, 통신비 등 실제로 학교협동조합이 부담해야 할 비용에 대해 함께 생각해보게 되죠. 우리가 물건 값을 정하기 전에 생각해야 할 다양한 부가 요소를 고려하면서 학생조합원들은 물건 값을 책정합니다. 학교협동조합이 아니면 우리가 학교에 다니면서 이런 경험을 해볼 기회가 과연 있을까요? 이런 경험을 학창시절에

해본 친구들은 사회에 나갔을 때 좀 다르지 않을까요?

독산고등학교 학생조합원들은 매점에 납품받을 빵 가게와 직접 협상에 나서기도 했습니다. 빵 가게 사장님과 협상할 때 학생들의 주머니 사정을 설명하면서 납품 단가를 낮추기도 했고요. 고객이 학생이다 보니 사장님의 마음도 훨씬 후해지더군요. 학생조합원들은 이런 경험을 통해 가게를 운영할 때 물건을 싸게 납품받기 위해서는 가격 협상을 잘 해야 한다는 것을 알게 되었어요. 학교 안에서 학교협동조합을 통해 정말 귀중한 경험을 하게 된 거죠.

학생조합원들은 매점에 근무하는 학부모조합원의 노고를 알기 때문에 직접 당번을 정해 매점에서 쉬는 시간과 점심시간에 판매하는 체험을 해보기도 해요. 당번이 되었다고 바로 판매할 수 있는 건 아니에요. 물품마다 가격이 다르고 제품에 따라서는 위치도 익혀야 하는 등 판매를 위해 며칠간 연습해야 한답니다. 이런 연습과 실전을 통해 학생들은 작은 가게에 불과하지만 기업을 직접 운영해보는 경험을 하기도 해요. 무조건 이윤을 많이 남기기 위해 장사를 하는 것이 아니라 소비자인 학생들의 건강을 위해 품질이 좋은 제품을 판매하고 유통기한을 철저하게 지키도록 모니터링을 하면서 진정한 기업가정신이 무엇인지 스스로 생각해보게 되는 거죠.

학교협동조합에서는 많은 것을 우리가 직접 결정해요. 원래 가격보다 더 저렴하게 아이스크림을 납품받게 되면서 아이스크림 값을 낮춰야 할지, 그대로 둬야 할지에 대한 논쟁이 벌어졌던 적이 있어요. 어떤 조합원은 학생들에게 직접 혜택이 돌아가도록 아이스크림 값을 내려야 한다고 주장했고, 어떤 조합원은 거기에서 나오는 이윤으로 친환경제품 판매로 인한 손실을 메꿔야 한다고 주장했습니다. 재료비 인상으로 친환경제품 가격을 올려야 함에도 불구하고, 더 많은 학생들이 친환경제품을 구매할 수 있도록 가격을 올리지 않고 있었어요. 결국, 이사회에 안건으로 올려 치열한 토론 끝에 아이스크림 값을 아주 약간만 내리는 대신에 친환경제품 가격을 인상하지 않는 것으로 합의했어요.

위의 사례에서도 알 수 있듯이 협동조합에서는 무엇인가를 결정할 때 한두 명이 이야기해서 결정할 수 있는 구조는 아닙니다. 협동조합에서는 조합원의 대표로 뽑힌 이사들이 모인 이사회에서 많은 안건을 다루기 때문에 이사를 잘 뽑아야 해요. 특히 학교협동조합은 학생조합원의 숫자가 많기 때문에 학생들의 대표인 학생이사를 잘 뽑아야겠죠? 학생조합원 중에서 학생이사를 희망하는 학생들이 많을 때는 어떻게 뽑아야 할까요?

어떤 학교에서는 총회에서 투표를 통해 뽑기도 하고, 어떤 학교에서는 학생이사를 희망하는 학생조합원을 대상으로 면접을 통해 뽑기도 합니다. 또 학생이사 후보로 나갈 수 있는 학생조합원의 자격에 관해서는 학교마다 다를 수 있어요. 협동조합 동아리가 있는 학교에서는 동아리 부원 중에서 학생이사를 뽑는 경우도 있을 것이고, 어떤 학교에서는 전체 학생조합원 중에서 희망하는 학생을 대상으로 뽑을 수도 있겠죠?

독산고등학교에서는 학생이사 자격을 두고 치열한 논쟁이 벌어졌다고 하는데, 어떤 이유 때문이었는지 한번 살펴볼까요? 학생이사는 협동조합 동아리 부원 중에서 희망하는 학생을 대상으로 면접으로 뽑기로 했어요. 학생이사 두 명을 뽑는데 동아리 부원 네명이 지원해서 면접을 보게 되었죠. 그런데 그중 한 명이 학생회장 선거에 나갈 마음이 있다는 것이 동아리 부원들에게 알려지면서 학생이사 자격이 없는 것 아니냐는 논란이 일어났어요. 한 학생조합원이 문제 제기를 하면서 학생이사 자격에 관해 치열한 토론이 벌어졌던 거죠.

조합원 A : ○○이는 올해 학생회장 선거에 나간다는데, 학생이사 후보 자격이 없는 것 아닌가요?

조합원 B : 학생회장 선거에 나온다고 학생이사 후보 자격이 없다는 것은 이해가 안 되네요. ○○이가 학생회장이 된다는 보장이 없는데, 학생이사 후보 자격마저 박탈하는 것은 문제가 되지 않을까요?

조합원 A : 만약 ○○이가 학생회장이 되면 어떻게 할 거예요? 학생회장과 학생이사를 병행할 수는 없잖아요.

조합원 B : 그건 그때 가서 고민해도 되지 않을까요? 아직 벌어지지 않은 일을 가정하고 원천적으로 자격을 반대하는 것은 아니라고 생각해요.

조합원 A : 하지만 ○○이가 학생이사도 되고, 학생회장도 된다면 다시 학생이사를 뽑아야 하니까 모든 면에서 낭비 아닌가요?

조합원 B : 그렇다고 처음부터 자격을 주지 않는 것이 과연 맞을까요? ○○이가 우연히 학생회장에 나갈 마음이 있다고 본인의 마음을 솔직히 드러냈기 때문에 이것이 문제가 되고 있는 것이지, 만약 ○○이가 그런 말을 하지 않았다면 아예 처음부터 이런 논란이 일어나지 않았을 것 아니에요?

조합원 A : 그렇지만 이미 알게 된 이상, 학생이사 자격을 박탈해야 한다고 생각해요. ○○이가 학생이사로 뽑히면 학생이사이면서, 또 학생회장 후보로도 나간다는 말이잖아요. 만약 ○○이가 학생회장이 된다면 새로 한 명을 뽑아야 하는데, 그때 이 친구 때문에 떨어진 후보가 이번에 반드시 뽑힌다는 보장도 없잖아요?

조합원 B : 무슨 뜻인지는 알겠어요. 하지만 우리나라의 대통령을 뽑을 때도 마찬가지예요. 현역 국회의원이 대통령 후보에 나오더라도 국회의원을 유지하면서 후보로 나올 수 있어요. 그러나 당선되면 국회의원직을 그만두어야 하

죠. 그러니 ○○이가 학생이사로 학생회장 후보로는 나
갈 수 있는 거죠. 다만 학생회장이 되었을 경우에는 현
실적으로 두 가지 일을 해내기가 쉽지 않으니 학생이사
는 사퇴하는 것이 맞겠죠?

조합원 A : 이사회에서 좀 더 토론해보고 결정하면 어떨까요?

조합원 B : 좋아요. 대신 여러 조합원의 의견을 적극적으로 청취하
고 와서 이사회에 참여하는 것이 좋을 것 같아요.

학교협동조합에서는 무엇을 결정하든 특정한 누군가의 의견만
으로 결정하지는 않습니다. 학생조합원이든 교원조합원이든 학부
모조합원이든 누구에게나 발언권이 있고, 투표에 부쳐졌을 때는
누구든지 한 사람당 한 표의 권한을 가지거든요.

학교협동조합에서는 학생조합원이 중심이 되어 스스로 행사를
기획하고 진행하는 경우도 많아요. 독산고등학교에서는 학교협동
조합 1주년 때 온전히 학생조합원이 중심이 되어 행사를 기획한
적이 있어요. 그때 진행되었던 행사를 살펴보기로 할게요. 학교
협동조합이 있기까지 학부모조합원들의 노고가 특히 컸기 때문에
학생조합원들은 학부모조합원들께 고마운 마음을 전달하는 한편,
협동조합 홍보에 초점을 맞추고 행사를 기획했죠. 매점을 이용하
는 전교생을 대상으로 매점 담당 학부모조합원께 몰래 편지 쓰기,
비밀상자 안에 든 친환경 제품 맞추기, 학부모조합원이 쉴 수 있

도록 학생조합원이 1주년 기념일 때 돌아가면서 매점에서 판매해 보기 등 학생조합원의 힘만으로 기획한 프로그램이었음에도 학부모조합원을 감동하게 하고 전교생의 호응을 이끌어낸 행사로 진행되었어요. 이런 자치 능력을 키울 수 있는 경험을 다양하게 해볼 수 있다는 것은 학교협동조합의 매우 큰 장점입니다.

우리에게도 문제를 해결할 힘이 있어요

학교 매점의 불량식품 문제를 해결하기 위해 협동조합을 만들어 문제를 해결한 경험을 바탕으로 학생들에게도 문제해결 능력이 있다는 것을 기대하게 되었어요. 학생들의 문제해결 능력을 끌어내기 위해 어떤 방법으로 접근하면 좋을지 고민한 결과, 문제해결 능력 대회를 열게 되었어요. 문제해결 능력이라고 이름 붙이기에는 뭔가 밋밋한 느낌이 들어 '사슴사냥게임'이라고 이름 붙였습니다.

'사슴사냥게임'에 대해 잠깐 설명할게요. 두 사람이 사냥하기 위해 길모퉁이에서 각자 사냥감을 기다리고 있는데, 두 사람이 힘을 합쳐야 온 가족이 배불리 먹을 수 있는 사슴을 잡을 수 있어요. 만약, 한 사람이라도 눈앞을 지나가는 토끼를 잡기 위해 그 자리를 떠나면 사슴이 나타나더라도 한 사람의 힘만으로는 사슴을 잡을 수 없게 돼요. 같이 사냥하는 두 사람은 서로를 신뢰하고 사슴이 나타났을 때 힘을 합쳐야만 사슴을 잡을 수 있죠.

우리는 '사슴사냥게임'에서 볼 수 있는 신뢰와 협력을 키워드로 삼아 학생들이 팀을 구성해서 문제해결 능력을 발휘해주기를 바라는 마음에서 이 대회를 개최하였습니다. 최소 3명에서 최대 5명까지 팀을 구성해서 4주간의 일정으로 학교나 마을의 문제를 발견해 그 문제를 해결해가는 과정과 결과를 평가하는 방식으로 진행했어요. 처음에는 여러 팀이 참여하겠다고 신청하지만, 4주 동안의 활동을 거치면서 탈락하는 팀도 많이 발생했어요. 살아남은 팀의 문제해결 과제에 대해 구체적으로 살펴보도록 할게요.

독산고등학교 야간자율학습실에서 교문으로 내려오는 계단은 저녁 시간에는 학생들만 이용하는 곳입니다. 교사들이 교무실에서 정문으로 나가는 길은 그 길과 달라 그곳이 밤에 어느 정도로 어두운지 선생님들은 알지 못해요. 가로등이 세워져 있기는 했지만 가로등이 제 기능을 못 해 학생들은 엉금엉금 기다시피 난간을 짚고 내려와야 무사히 내려올 수 있을 정도의 희미한 불빛이었던 거죠. 2~3학년 선배들은 이미 익숙해져 가로등이 어둡다는 사실을 의식하지 못했지만, 얼마 전에 입학한 1학년 학생들의 눈에는 그 어두운 계단이 무척 불편하게 느껴졌던 거죠.

이 학생들은 야간자율학습을 마치고 계단을 내려올 때 얼마나 불편했는지, 이 문제를 어떻게 바꿔야 하는지 전교생을 대상으로 설문조사를 진행하고 그 결과를 바탕으로 행정실과 교장실을 찾아가 문제 제기를 했습니다. 그런데 이 팀에서 제기한 문제에 대해 학교 측은 너무나도 흔쾌히 학생들의 제안을 받아들여 즉시 LED 전등으로 교체해주었어요. 학교에 근무하는 선생님을 비롯해 학부모 등 누구도 그 문제로 피해를 보는 당사자가 아니어서 빨리 알아차리지 못했을 뿐이었던 거죠. 학교에서는 가로등이 설치되어 있었기 때문에 그곳이 학생들이 다니기 힘들 정도로 어둡다는 사실을 심각하게 느끼지 못했던 거예요. 학생들의 제안에 학교에서는 오히려 이런 문제를 빨리 이야기해줬으면 더 빨리 교체했을 텐데 하는 아쉬움을 말할 정도였습니다.

이 경우에서 볼 수 있듯이 우리는 생활하면서 다소 불편하더라도 문제라고 생각하지 않고 그냥 넘어가는 경우가 대부분입니다. 그런데 의외로 우리 주변에는 이런 문제들이 꽤 많아요.

요즘 학교 화장실에 휴지가 비치되지 않은 학교는 없을 거예요. 그러나 불과 10년 전까지만 해도 화장실에 휴지가 비치되어 있지 않은 학교가 많았습니다. 화장실 휴지 비치를 요구하면 학교에서는 학생들이 휴지로 온몸을 감싸 미라 만들기 장난을 치기도 하고, 변기에 마구 던져 넣어 변기를 막히게 하는 등 관리가 어렵다는 이유로 받아들이지 않았어요. 지금은 학생 인권이 대두되면서 학교 화장실에 휴지를 비치하는 것은 자연스럽게 해결되었지만, 학생들 스스로도 휴지 낭비가 심할 뿐만 아니라, 휴지로 인해 화장실 곳곳이 너무 지저분해진다는 문제의식을 느낀 것입니다.

이 팀에서는 하루에 낭비되는 휴지를 매일 체크하고 휴지 한 두 루마리를 만드는 데 필요한 펄프의 양을 조사해서 그것을 나무로 표현한 홍보물을 만들었어요. 팀원들이 조를 짜서 학생들을 대상으로 휴지 낭비를 줄여보자는 홍보 활동을 했죠. 이 활동이 어느 정도 휴지 낭비를 줄이는 효과로 연결되었는지 직접적인 수치로 나타낼 수는 없지만, 학생들의 인식 개선에는 분명 큰 도움을 주었어요. 왜냐하면 이 활동 이후로 화장실 바닥에 버려져 있는 휴지가 많이 줄어들었거든요.

우리는 음료수를 고를 때 자신이 좋아하는 것으로 고를 수 있어요. 콜라든 사이다든 취향에 따라 고르면 되죠. 머리나 배가 아파 약상자에서 진통제를 고를 때도 쉽게 고를 수 있어요. 그러나 시각장애인들은 음료수를 고를 때 취향에 따라 고를 수가 없습니다. 음료수 캔에 점자로 '음료수'라고만 표기되어 있대요. 의약품도 마찬가지고요. 점자 표기가 의무사항이 아니라 권고사항이라 점자로 표시된 의약품의 비율은 매우 저조했습니다.

이 부분에 대한 문제의식을 느낀 팀에서는 이에 대한 학생들의 인식 개선을 위한 홍보 활동을 매우 적극적으로 진행했어요. 전교생을 대상으로 진행한 인식 개선 홍보 활동이었는데, 학생들뿐만 아니라 선생님들의 반응이 무척 뜨거웠답니다. 시각장애인들은 자기 취향대로 음료수를 선택할 권리조차 없었다는 것을 대부분 모르고 있었어요. 그나마 음료수는 취향대로 선택을 못 할 뿐이지만 의약품은 생명과 직결되는 문제이니까요.

우리는 누군가가 제기한 문제에 대해 들으면 고개를 끄덕이며 동의하지만, 정작 본인의 문제로 인식하고 개선하기 위해 노력하기가 쉽지 않습니다. 이 팀이 이런 문제의식을 느낀 바탕에는 2년 내내 특수반 친구의 도우미로 활동하며 장애인에 대한 관심이 컸던 한 친구의 제안이 있었기 때문이에요.

우리는 자기가 관심이 있는 분야에는 특히 집중하는 경향이 있어요. 따라서 학생들이 불편한 문제는 학생들의 시선으로 발견해 내기가 가장 쉬워요. 더 나은 학교, 더 나은 학급을 만들기 위해서는 여러분 스스로가 내 주변에 관심을 가져야 하는 이유이기도 합니다. 이제는 모든 의약품에 점자로 표기하는 것이 의무사항으로 바뀌었어요. 우리의 작은 관심이 타인의 생명을 살리는 일에 도움을 주기도 하는 거죠.

실제로 구룡중학교에서는 학생들이 새로 발령받은 시각장애인 선생님을 위해 학교 앞 도로에서 전철역까지 시각장애인 유도 블록을 설치하도록 민원을 넣어 문제를 해결했다고 해요. 온전히 학생들의 힘으로 문제를 해결하고 사회적으로 긍정적인 변화를 이루어낸 것이죠.

이제부터 이야기하는 팀은 학생들의 호응도가 가장 좋았던 팀의 이야기입니다. 이 팀은 '우리가 알고 싶은 성'이라는 주제로 학생들이 직접 제대로 된 성교육을 실시하는 것이었어요. 학교에서 진행하는 성교육은 고리타분하고 지루할 뿐 아니라 학생들이 정작 궁금한 것은 알려주지 않는다는 것을 문제로 인식했어요. 학교 협동조합에서는 이 팀의 활동에 필요한 재료를 지원해주는 대신, 팀 활동에 대해서는 보건선생님의 모니터링이 필요하다는 조건을 걸었습니다.

학생들은 4주간의 활동을 진행한 후에 마무리 활동으로 보건선생님을 모시고 전교생 중 희망 학생을 대상으로 '성 콘서트'를 진행했어요. 평소 수업 시간에 늘 졸기만 하는 학생들이 또래가 진행하는 '성 콘서트'에서는 굉장히 집중해서 듣는 모습을 볼 수 있었답니다. 콘서트가 끝난 후 학생들의 반응도 최고였어요. 이 활동을 통해 그동안의 성교육 방식에도 많은 변화가 생기리라 생각됩니다.

마지막으로 기억에 남는 팀은 빈 교실을 학생들의 활동 공간으로 만들자는 것이었어요. 이 팀은 전교 최상위 성적의 학생들로만 구성된 명실상부한 에이스팀이었죠. 4주간의 활동을 적은 회의록 작성이며 활동이 끝난 후 제출한 보고서 내용이며, 활동과 별도로 실시한 발표회에서 발표한 모습이며 모든 것이 완벽했습니다.

그런데 이 팀이 최고 팀으로 선정되지는 않았습니다. 왜냐하면 이 팀이 문제라고 발견해서 해결하겠다고 시도한 것은 도저히 해결할 수 없는 문제였거든요. 선배들의 교과서를 물려받아 교과서 빌려주기 운동을 하겠다는 것이었는데, 교육과정이 바뀌어 선배들이 사용한 교과서와 본인들이 사용하는 교과서의 내용이 완전히 달라 현실적으로 불가능했기 때문이죠. 정확한 정보를 모르는 상태에서 막연히 문제해결 주제를 정했기 때문에 생긴 문제였죠. 결국, 선생님의 조언을 바탕으로 새로운 주제를 선정해 4주간 활동을 하게 되었어요.

우리가 일상적으로 생활하면서 문제를 발견하고, 그 문제를 해결하기 위해 아이디어를 내고 해결해가는 것은 학교 공부와는 또 다른 측면이 있어요. 또한 개인만이 아니라 옆의 친구들과 함께 팀을 만들어 치열한 논의를 통하여 문제를 찾아내고 해결해가는 과정에서 개인의 생각만으로는 힘들다고 여겨지는 일들에 대한 해답을 함께함으로써 의외로 쉽게 찾을 수 있음을 깨닫기도 한다고 생각돼요. 그 속에서 협업의 의미를 실천적으로 느껴볼 수도 있고요. 반짝이는 아이디어와 주도성은 성적과는 별로 상관이 없다고 생각해요. 지금 우리에게 필요한 것은 당장의 학과 성적에 너무 우쭐하거나 의기소침하는 것이 아니라 관심이 있는 것에 대한 고민과 탐구가 더 많이 필요하지 않을까 하는 바람이에요.

이 외에도 다양한 문제를 해결한 사례가 많습니다. 이렇듯 청소년들도 문제를 찾아내고 해결할 능력을 갖추고 있다는 것을 이 활동을 통해 직접 볼 수 있었어요. 특히 어른들은 도저히 찾아낼 수 없는 문제점을 청소년만의 시선으로 발견해낸 사례를 보면서 청소년의 무궁무진한 가능성을 알게 되었죠. 혹시 여러분은 평소에 조금 불편한 것은 그냥 참고 넘어갔던 적은 없나요? 이제는 주변을 주의 깊게 살펴보는 청소년이 되어보는 건 어떨까요? 아마 다른 세상이 열릴 거예요.

혼자서는 살아갈 수 없어요

위 캔 두 댓! (We Can Do That, 2008)
지울리오 만프레도니아 감독

〈위 캔 두 댓〉은 이탈리아의 논첼로(Noncello) 협동조합을 모델로 만든 영화입니다. 논첼로는 1981년 이탈리아 북부의 포르데노네(Pordenone)에서 정신질환 장애인과 의사가 함께 만든 협동조합으로 지금은 조합원이 600명을 넘을 정도로 성장했어요. 이탈리아에서는 정신질환 장애인을 더 이상 정신병원에 감금하지 말고 지역사회에 정착할 수 있도록 돕자는 취지로 1978년에 「바자리아법」을 제정하게 되었고, 그 법에 따라 정신병원을 폐쇄하게 되었어요.

위 캔 두 댓에 나오는 '협동조합 180'은 정신병원을 폐쇄한 후 돌아갈 곳이 없는 환자를 모아 만든 협동조합입니다. 동료들과의 갈등으로 인해 다니던 직장에서 쫓겨난 넬로는 '협동조합 180'의 매니저로 부임해 오게 돼요. 여기에서 정신질환 장애인들이 지나치게 많은 양의 진정제를 먹고 무기력하게 생활하는 모습을 보죠. 넬로는 조합원들에게 제대로 된 협동조합을 만들자고 제안하게 되고 투표를 통해 마룻바닥 시공 사업을 하기로 결정해요.

처음에는 어떻게 해야 할지 몰라 실수도 연발하며 좌충우돌하지만, 예술적인 감각의 마룻바닥 공사를 완성하면서 점점 일거리가 많아졌어요. 그러던 중 공사를 맡게 된 집의 주인 아가씨를 짝사랑하게 된 지지오가 사랑에 실패하면서 마음에 큰 상처를 받아 자살을 선택하게 되죠. 넬로는 이것이 자신의 탓이라고 자책하면서 협동조합을 떠나요. 넬로가 죄책감으로 협동조합을 떠나면서 협동조합은 해체되고 말죠.

다시 일상으로 돌아온 조합원들은 더 무기력해지면서 생활에 적응하지 못하고 방황하게 돼요. 결국, 조합원들은 협동조합을 다시 시작하기로 의견을 모으고 넬로를 찾아갑니다. 넬로를 만난 조합원들은 끈질기게 넬로를 설득해 협동조합을 다시 시작하게 되죠. 그 협동조합이 현재 이탈리아에서도 유명한 논첼로협동조합이에요.

〈위 캔 두 댓〉은 가족이나 사회로부터 격리된 정신질환 장애인들이 고군분투하며 자립해가는 모습을 그린 영화입니다. 이 영화를 통해 협동조합을 잘 운영하려면 조합원 한 명 한 명의 참여와 관심이 정말 중요하다는 것을 알 수 있어요.

세상은 혼자 살아가는 곳이 아니에요. 부족한 부분은 서로 돕고 협력하며 살아갈 때 더 큰 행운이 우리에게 찾아올 수도 있어요. 이 영화를 통해 누구나 간절히 원하는 것이 있다면 협동조합 방식으로 문제를 해결할 수도 있다는 것을 알게 되었으면 좋겠어요.

4장

지역 안에서도 할 수 있어요

소비자와 생산자 모두를 위한 소비, 우리 지역을 이롭게 하는 소비야말로 사회적 경제를 실천하는 행동이라고 할 수 있어요. 최근 '소비자 주권'에 대한 관심이 커지고 있고, 물건의 '가격'보다는 '가치'를 중심으로 소비를 실천하는 사람이 늘어나면서 '합리적 소비'보다는 '현명한 소비'가 필요하다고 주장하는 사람이 많아지고 있어요. 나 자신의 편익만 고려하지 않고 물건을 만드는 생산자의 정당한 이익도 함께 생각하는 소비, 무엇을 구매할 때 이익이 발생하는 주체를 알고 나의 이웃과 주민을 위해 소비한다면 사회적 경제를 잘 실천하는 현명한 소비자라고 할 수 있어요. 우리의 경제적 선택과 행동이 지역 경제에 미치는 영향력은 매우 큽니다. 현명한 소비, 지금부터라도 함께 실천해보는 건 어떨까요?

박인범

배움을 통해 삶의 지혜를 갖춘 행복한 사람으로 거듭나는 곳이 학교라고 생각하는 선생님이다. 현암고등학교에서 학교협동조합 설립을 담당했으며, 현재는 수지고등학교에서 '나눔을 통한 성장'을 학생들과 함께 실천하고 있다. 사회적 경제의 가치가 행복한 사회의 밑거름이 되기를 간절히 소망하고 있다.

'합리적 소비'를 넘어 '현명한 소비'를

앞서 우리는 사회적 경제가 공동의 이익을 추구하고 경제적 이익을 만들어낼 뿐만 아니라 사회를 건강하게 하는 착한 경제라는 것을 알게 되었어요. 그렇다면 나 스스로 사회적 경제를 경험하고 실천하는 일이 참 중요하겠죠? 사회적 경제는 멀리 있지 않아요. 내가 사는 지역에서 충분히 실천할 수 있습니다. 나보다는 우리를, 돈보다는 사람을 우선에 두고 경제활동을 한다면 사회적 경제를 잘 실천하는 거예요. 자, 그럼 지금부터 우리가 사는 지역에서의 사회적 경제를 구체적으로 알아볼까요?

여러분은 사회 수업 시간에 경제활동에 대해 배웠을 거예요. 경제활동이란 생산, 분배, 소비를 말하는데 여러분은 주로 어떤 일을 하나요? 아마 '소비'일 거예요. 교복, 학용품 등은 모두 소비에 의해 얻은 것이죠. 뿐만 아니라 과자나 아이스크림을 사 먹는 것도 모두 소비예요. 이렇듯 우리는 누군가가 생산한 물건을 끊임없이 소비하고 있고, 주된 경제활동인 소비를 통해 경제 주체로써 참여하고 있어요.

일반적으로 소비를 할 때 내가 가진 돈의 범위 안에서 가장 큰 만족을 얻을 수 있는 소비를 가리켜 '합리적 소비'라고 해요. 즉 최소의 비용으로 최대의 만족을 얻는 거예요. 그러나 생산자의 입장에서는 노력한 만큼의 대가를 얻지 못한다고 생각할 수도 있어요. 소비자와 생산자는 서로 영향을 주고받는 관계인데, 소비자가 물건을 구매할 때 낮은 가격만을 중요시한다면 생산자는 그 가격을 맞추기 위해 생산비를 낮출 수밖에 없겠죠. 이 과정에서 환경을 파괴하거나 노동자의 인권을 침해하는 등의 사회 문제가 발생할 수 있고요. 따라서 소비자의 편리와 이익만을 고려한 소비는 올바른 경제활동이 아닐 수도 있는 겁니다.

실제로 대형 마트로 장을 보러 가면 1+1 행사, 사은품 증정 등 소비자들이 저렴한 가격으로 구입할 수 있는 유혹이 참 많아요. 저렴한 가격의 매력에 빠져 예정에 없던 물건을 구입하고 싶은 충동을 느낀 적도 있을 거예요. 이러한 충동을 못 이기면 결국 과소비로 이어지기 쉬워요. 또한 최근에는 동네 분식집에서 사 먹던 떡볶이, 튀김, 어묵 등을 대형 마트에서 판매하는 것을 흔히 볼 수 있어요. 이런 현상이 계속된다면 전통 시장과 동네 가게는 문을 닫고, 대기업이 소유한 대형 마트와 프렌차이즈 상점 등이 우리가 사는 지역의 경제를 장악하게 될 거예요. 소비 활동의 주체인 소비자는 물건을 자유롭게 선택해 구매할 권리를 가지고 있어요. 하지만 대형 마트에서의 소비는 단지 기업의 이윤을 극대화할 뿐 우리 지역의 경제적 이익과는 거의 무관하다는 점에서 심각한 문제입니다. 가격과 편리함만을 잣대로 삼는 소비가 때로는 이웃에게 피해를 주는 행위가 될 수 있는 거죠. 따라서 우리는 한층 성숙된 자세로 소비 활동을 해야 해요.

소비자와 생산자 모두를 위한 소비, 우리 지역을 이롭게 하는 소비야말로 사회적 경제를 실천하는 행동이라고 할 수 있어요. 최근 '소비자 주권'에 대한 관심이 커지고 있고, 물건의 '가격'보다는 '가치'를 중심으로 소비를 실천하는 사람이 늘어나면서 '합리적 소비'보다는 '현명한 소비'가 필요하다고 주장하는 사람이 많아지고 있어요. 나 자신의 편익만 고려하지 않고 물건을 만드는 생산자의 정당한 이익도 함께 생각하는 소비, 무엇을 구매할 때 이익이 발생하는 주체를 알고 나의 이웃과 주민을 위해 소비한다면 사회적 경제를 잘 실천하는 현명한 소비자라고 할 수 있어요.

또한 개인의 실천에 머무르지 않고, 이러한 현상을 사회 문제라 생각하고 좋은 방안이나 정책을 공공 기관에 제안할 수도 있어요. 대형 마트를 없앨 수 없는 현실에서 동네 가게와 윈윈(Win-Win)할 수 있는 참신한 아이디어를 말이죠. 예를 들어, 대형 마트에 대한 규제를 의무 휴업이 아닌 취급 품목이나 포장 단위를 규제하는 것도 좋을 거예요. 우리의 경제적 선택과 행동이 지역 경제에 미치는 영향력은 매우 크답니다. 현명한 소비, 지금부터라도 함께 실천해보는 건 어떨까요?

식탁 위 먹거리가 지구를 구해요

    사회적 경제는 우리가 매일 먹는 음식으로도 실천할 수 있어요. 어떻게 실천하냐고요? 바로 우리 지역에서 가까운 곳에서 생산된 농산물을 구입하는 거죠. 그러면 지역 경제를 살릴 수 있거든요. 참 쉽죠?

    지금부터 로컬 푸드(Local Food) 그리고 이를 활성화하는 운동인 로컬 푸드 운동(Local Food Movement)에 관해서 이야기해볼게요. 로컬 푸드란 장거리 운송을 거치지 않은 지역 농산물로, 최근 잘 먹고 건강하게 사는 법에 대한 사람들의 관심이 높아지면서 유기농 등과 함께 하나의 음식 트렌드로 자리매김하고 있어요. 일반적으로 내가 사는 곳에서 반경 50km 이내에서 생산된 농산물을 지칭하지만, 국토 면적이 좁은 국가의 경우 그 나라에서 생산된 농산물로 범위를 넓혀 말하기도 해요. 그래서 국토 면적이 크지 않

로컬 푸드 직판장

은 우리나라의 경우 국내에서 생산된 농산물을 로컬 푸드라고 해도 틀리지 않아요.

이를 활성화하는 로컬 푸드 운동이란 환경을 살리고 건강을 지키기 위해 지역에서 생산된 먹거리를 지역에서 소비하자는 운동이에요. 농장에서 식탁까지, 즉 생산지에서 소비지까지의 거리를 최대한 줄여 비교적 좁은 지역을 대상으로 농산물 공급 체계를 확보하고 식품 안전과 가격 안정을 추구하려는 것이죠.

로컬 푸드 운동은 내가 살고 있는 지역에 경제적으로 많은 도움이 돼요. 생산자인 농부는 지역에 신선한 농산물을 공급함으로써 안정적인 소득을 기대할 수 있고, 소비자는 안전하고 건강한 먹거리를 제공받음으로써 건강을 지킬 수 있죠. 또한 먹거리의 이동 거리를 줄여 환경을 보호하고, 대량 유통 구조 속에서 불특정 다수였던 소비자와 익명이었던 생산자의 거리가 가까워지면서 경제 공동체가 형성돼요. 그뿐만 아니라 농산물 가공 사업과 관련된 새로운 일자리를 창출해 지역 내 소득 향상을 도모할 수도 있고요.

혹시 '신토불이(身土不二)'라는 말을 들어본 적 있나요? 몸과 태어난 땅은 하나라는 뜻으로 제 땅에서 산출된 것이라야 체질에 잘 맞는다는 의미입니다. 단, 무조건적인 국산품 애용 운동이라고 생각하면 안 돼요. 우리 지역의 농산물을 이용해야 하는 분명한 이유가 있답니다. 학교에서 농업, 수산업, 축산업, 임업 등과 같이 자연환경을 직접 이용해 필요한 물품을 얻거나 생산하는 것이 1차 산업이라고 배웠을 거예요. 무엇보다도 1차 산업은 우리들이 먹고사는 데 직결되는 가장 중요한 산업이죠. 문제는 농산물 시장이 개방됨으로써 값싼 수입 농산물이 계속해서 유입되고 있고, 우리나라의 식량 자급률이 감소하면서 식량 안보가 위협받고 있다는 거예요. 2018년 현재 우리나라 식탁의 자급률은 겨우 10%도 채 되지 않아요.

우리의 주식인 쌀이 유일하게 100% 자급하는 작물일 정도로 우리나라 농업의 현실은 매우 어렵답니다. 게다가 점점 서구화되는 우리네 입맛은 아침에는 커피와 빵, 점심과 저녁에는 원산지를 알 수 없는 식품들로 해결하는 경우가 많아졌어요. 한 가지 의아한 사실은 한국에서 재배되지 않는 열대 과일부터 쌀, 김치, 오이까지 국산품보다 수입품이 훨씬 저렴하다는 것 그리고 이러한 배경에는 비행기, 배, 트럭 등이 부지런히 지구 위를 달리며 환경오염을 초래하고 있다는 사실이에요. 일반적으로 운송 거리가 멀수록 더 많은 화석 연료가 필요하고, 그만큼 이산화탄소 배출량은 늘어나니까요. 불로 볶고 삶는 조리 과정도 아닌, 단순하게 재료를 여기서 저기까지 운송하는 데에만 우리가 먹는 평균 섭취 칼로리의 수백 배에 달하는 에너지가 소비되고, 오염 물질까지 배출한다는 것은 알려지지 않은 우리네 식탁의 슬픈 현실이죠.

어느 책에서 음식 시민(Food Citizen)이라는 단어를 본 적이 있어요. 뜻을 알아봤더니 음식을 소중히 여기고, 생산자들에게 감사한 마음을 가지며, 생산된 음식물의 상품 가치보다는 사람의 노고를 중요하게 생각하는 사람이라고 해요. 음식 시민은 음식을 단순한 먹거리로 여기지 않고 환경, 사회, 건강과 연결된 집합체로 인식하고 농업의 가치를 높이 평가해요. 이들은 눈에 보이는 상표와 가격만 보는 게 아니라 이 상품이 어디에서 어떤 과정으로 생산되고 도착했는지, 유통 과정은 어떻게 되는지 꼼꼼하게 살피며 친환경적인 윤리 기준을 소비에 적용하죠.

일반적으로 가게에 진열된 상품의 뒷면을 자세히 읽어보면 의외로 많은 정보가 담겨 있어요. 영양소의 구성 비율로부터 각 원

재료가 어디에서 수입되었는지 그리고 아직 우리나라에는 도입되지 않았지만 영국과 일본 등의 선진국에서는 이미 도입된 '푸드 마일리지(Food Mileage),' 즉 식재료가 현지에서 생산되고 운송되는 과정에서 배출된 온실가스의 양까지 적혀 있는 것을 확인할 수 있답니다. 푸드 마일리지란 식품 수송량(단위:톤)에 생산지로부터 소비지까지의 수송 거리(단위:㎞)를 곱한 것인데요. 푸드 마일리지가 높다는 것은 식품 운반의 긴 이동 거리로 인해 선박과 비행기 등 운송 수단의 탄소 배출량이 많다는 것을 의미해요.

우리나라의 1인당 푸드 마일리지는 가까운 일본 및 환경 선진국인 영국과 프랑스보다 크게 높은 수준이죠. 그런데 최근 이 나라들의 푸드 마일리지는 계속 감소하는 것과 대조적으로 우리나라의 푸드 마일리지는 매년 증가하고 있다고 해요. 이제 여러분이 어떤 기준으로 먹거리를 구입해야 하는지 제가 굳이 강조하지 않아도 잘 이해하고 실천하리라 믿어요. 다같이 판소리 한 구절 외쳐볼까요.

"우리 것이 좋은 것이여!"

나는 어떤 마을에 살고 있나요?

여러분은 살고 있는 마을에 대해 어떤 생각을 하고 있나요? 태어날 때부터 그곳에 오랫동안 살아온 친구들도 있을 테고, 최근 다른 지역에서 이사 온 친구들도 있을 테니 생각이 모두 같을 수는 없을 거예요.

사람은 어딘가에 정착해서 이웃 또는 마을과 영향을 주고받으며 살아가는데 그곳이 나의 터전이 돼요. 요즘에는 많은 지역에 대규모의 아파트 단지가 들어서고 이웃과의 교류가 과거에 비해 줄었지만, 우리 민족은 예로부터 계, 두레, 품앗이 등과 같이 타인과 더불어 살아가는 문화를 계승, 발전시켜왔고 이를 바탕으로 상부상조하는 좋은 전통이 있어요. 그러나 산업화, 도시화로 인해 좋은 전통이 퇴색되고, 비록 물질적으로는 풍요로워졌지만 정신적으로는 삭막해진 듯해요. 이웃 간의 만남, 소통, 신뢰를 회복하고 사람이 중심이 되는 마을에는 공동체의식이 살아 있어요. 또한 인간이 중심이 되는 사회적 경제의 원리 역시 잘 작용하고 있고요. 지금부터 공동체가 잘 형성된 사례를 보면서 살기 좋은 마을에 사회적 경제가 어떻게 적용되고 있는지 알아보도록 하죠.

충남 홍성군에 위치한 홍동마을은 '공동체 마을'로 잘 알려진 곳이에요. 앞서 다뤘던 학교협동조합의 기원이 1959년 이곳의 풀무학교 학생들이 만든 생활협동조합이라고 하는데요. 더욱 놀라운 것은 해방 이후 민간이 자발적으로 조직한 최초의 협동조합이라고 하는군요. 산업화와 근대화 과정에서 경쟁 원리를 주입하기에 여념이 없던 제도권 학교와는 달리 풀무학교 학생들은 자립과 협동을 교과목으로 배웠어요. 또한 물건을 공동으로 구입하는 협동조합 매점 운영을 통해 협동을 몸으로 체득했죠.

졸업 후에도 이들은 마을을 떠나지 않고, 살기 좋은 마을을 만들기 위해 30여 개의 협동조합과 협동조합형 단체를 설립해 마을의 발전을 도모했어요. 실제로 이 지역의 주민들은 지역 내의 커뮤니티 공간을 중심으로 민주적인 의사결정이 이뤄짐으로써 공동체의 기반이 잘 마련되어 있으며, 자신의 재능을 공유할 수 있는 소모임이나 주민들을 위한 문화 공간 등이 잘 디자인되어 있어 다른 농촌 마을에 비하여 삶의 만족도가 매우 높다고 해요.

다른 농촌 마을의 사례를 하나 더 들어볼게요. 제가 사는 경기도 용인시에는 '학일마을'이라는 곳이 있는데요. 10년 전만 하더라

홍동마을 풀무학교 생협

도 인구 130여 명에 주민 평균 연령이 68세인 고령화 마을이었어요. 그러던 이곳에 마을 리더와 주민들의 노력이 합쳐져 생태 탐방, 농촌 체험 프로그램, 슬로푸드 체험 등 농촌 관광 사업을 활성화시킬 수 있는 마을기업이 만들어졌죠. 또한 새로운 일자리를 통해 젊은 사람들이 이곳으로 유입되고 마을의 활력이 생김으로써 주민들의 행복 지수가 높아졌다고 해요. 두 지역 모두 도시를 쫓

성대골 에너지 자립 마을

아가는 것이 아니라 그 지역에 맞는 발전 방향을 마을 주민들이 스스로 개척하고 사회적 경제 원리를 잘 적용한 사례라는 점에서 큰 의미가 있어요.

　서울 마포구 연남동에 위치한 '성미산마을'은 공동 육아로 유명해진 곳이에요. 1990년대 중반 성미산 자락에 사는 사람들이 '아이들을 잘 키워보자'는 취지 아래 공동 육아에 관한 커뮤니티를 형성했죠. 동네를 구석구석 살펴보면 주민들이 직접 만든 학교와 가게, 어린이집 등 자발적으로 만든 공간이 곳곳에 자리 잡고 있다는 것을 발견할 수 있어요. 주민들이 마을공동체를 만들기 위해 머리를 맞대고 마을을 일궈온 흔적들이 고스란히 존재하는 거죠. 20년이 지난 지금 대안학교, 마을기업 설립 등으로 영역을 확장시켰으며, 특히 두레생협의 설립은 '육아'라는 일부 주민들이 갖고 있는 관심사에서 '안전한 먹거리'라는 확장된 관심사를 통해 마을공동체의 한 단계 도약을 이끌어냈다고 해요. 또한 '성미산마을축제'를 통해 소속감과 유대감을 확인하면서 공동체의식을 다진다고 하네요.

다른 예로 서울 동작구 상도4동에 위치한 '성대골마을'은 에너지 자립 마을의 대표적인 곳인데요. 이곳은 2011년 후쿠시마 원전 사고 이후 에너지와 환경 문제에 관심을 가진 지역 주민들이 '에너지 절약이 곧 에너지 생산'이라는 생각으로 가정별로 매달 사용한 전기 사용량을 그래프로 그려서 전기 사용량을 함께 확인하며 절약한 결과 평균 10~15%를 절감할 수 있었다고 해요. 여기서 그치지 않고 전체 조명의 50% 이상을 LED 전구로 바꾸고 간판 타이머를 설치한 동네 가게에는 '착한 가게' 스티커를 붙여왔는데, 현재 160개가 넘는 착한 가게가 있으며 그 외에도 성대골 어린이도서관, 마을기업 에너지 슈퍼마켓, 마을 발전소와 같은 다양한 방법으로 환경·에너지 문제를 해결하고 있어요. 사회 문제를 남의 일로 생각하지 않고 주민들끼리 가치관을 공유해 지역에서 능동적으로 실천하면서 살기 좋은 마을을 만들어가는 새로운 형태의 도시 마을인 거죠.

초량이바구길 안내도

　낙후된 공간을 새롭게 만드는 데에도 사회적 경제는 매우 중요한 원리로 작용해요. 최근에는 건물을 철거하고 새로운 건물을 만드는 것보다 기존의 공간을 수리, 또는 개조해 새로운 환경으로 거듭나는 사례가 늘고 있어요. 즉 획일적인 재개발이 아닌 지역의 문화를 고려하고 사람이 이에 대한 의미를 부여하는 마을 재생 사업이 이루어지고 있는 거죠. 한국 전쟁 이후 삶의 터전으로 많은 피난민이 거주했던 부산 동구는 지역 재개발을 경제적인 측면으로만 접근하지 않고 삶의 흔적을 바탕으로 스토리텔링을 적용했다고 해요. 마을 여행 코스로도 주목을 받고 있는 '초량이바구길'은 부산역-백제병원-초량초교-168계단-망양로로 이어지면서 곳곳에 장기려 박사 기념관, 이바구 공작소, 유치환의 우체통과 같은 감성 공간을 마련했으며, 저소득층과 노년층의 일자리 창출 역시 마을 기업 및 자활 기업을 통해 진행하면서 지역의 자립과 성장을 도모하고 있어요. 특히 '까꼬막 게스트하우스'와 '까꼬막 카페'는 마을 기업인 동시에 동네 주민들의 사랑방, 방문자 쉼터로도 활용하고 있답니다. 마을의 추억, 내력을 그대로 살려 과거와 현재를 잇는 것이 행복한 마을을 만드는 것임을 알려주고 있죠.

여러분은 위의 사례들을 통해서 무엇을 느꼈나요? 행복한 마을이란 공동체의식을 바탕으로 지역 주민들이 스스로 힘을 합쳐 그 지역에 맞는 발전 방향을 모색했을 때 가능하며, 이들 마을의 공통점이 사회적 경제의 원리를 잘 적용했다고 느끼지 않았나요? 기회가 된다면 여러분이 살고 있는 마을을 직접 조사하며 마을 지도를 그려보세요. 우리 마을에는 사회적 경제를 접할 수 있는 곳이 어디에 있는지, 자랑할 만한 곳은 어디인지, 문제가 있는 공간은 어디인지 지도에 표시해보는 거죠. 나 스스로 살기 좋은 마을을 능동적으로 설계하고, 이를 만드는 방법을 연구해보는 겁니다. 행복한 마을의 주인은 바로 여러분이니까요.

사람이 중심인 지역화폐 이야기

학교 축제 기간에 축제 부스에서만 이용할 수 있는 쿠폰을 써본 일이 있나요? 아니면 학교 매점 쿠폰을 써본 일은요? 이 쿠폰은 자체적으로 발행한 것으로 해당되는 행사의 기간 및 특정 장소에서만 사용할 수 있다는 특징이 있어요.

지역화폐의 원리도 이와 같아요. 조금만 관심을 가지고 주위를 돌아보면 지역에서 자체적으로 발행하는 화폐를 찾아볼 수 있답니다. 한국은행이 아닌 곳에서 화폐를 발행하는 게 왜 필요하며, 그것이 과연 가능할까 하는 의문이 생길 거예요. 그런데 앞서 설명한 바와 같이 대형 마트, 백화점, 할인 마트 등의 진출로 자본의 외부 유출이 심해지는 상황에서 지역의 경제가 어려워졌어요. 이에 대한 해결 방법을 고민한 끝에 1990년대 말부터 '지역화폐'가 등장하기 시작했고, 지금은 다양한 지역에서 지역화폐가 활용되고 있는 거예요. 지금부터 지역 경제의 효자 노릇을 톡톡히 하고 있는 지역화폐에 대해 함께 알아보도록 하죠.

서울 마포구에서는 '모아'라고 하는 지역화폐가 있는데요. 현금을 모아로 환전하면 5%를 더 준다고 해요. 가령 현금 2만 원을 모아로 환전하면 2만 1천 원으로 받을 수 있어요. 소비자들은 모아를 사용하면서 경제적으로도 이득이 있지만, 무엇보다도 내 이웃인 상인들과 만나 신뢰 관계를 형성하는 것이 더 좋다고 해요. 즉 단순한 돈거래의 형태가 아닌 거죠. 또한 상인은 소비자가 지불한 모아를 현금으로 바꿀 때 일정 비율을 지역의 불우 이웃을 돕는 기금으로 사용해요. 이러한 좋은 취지를 알고 많은 상점이 가맹점으로 등록해서 초기에 3개였던 가맹점 수가 지금은 200여 개로 늘어났다고 해요. 지역의 살림은 우리 주민의 힘으로 창출하고 발전시켜나가자는 지역공동체 운동이 확산되면서 지역화폐의 활용이 늘어난 사례입니다.

대전의 '한밭레츠'는 모아의 사례와는 좀 다른데요. 물품뿐만 아니라 사람의 재능까지 교환할 수 있는 품앗이 거래소라고 볼 수 있어요. 즉 나의 재능과 내가 보유한 물건을 필요로 하는 사람에게 제공하고, 나는 필요한 것을 다른 사람으로부터 제공받는 방식입니다. 무엇보다도 자신이 가치 있는 사람이라는 인식을 가질 수 있고, 이자 없이 지역 안에서만 통용되기 때문에 지역 경제 및 공동체 형성에 큰 도움이 되고 있죠. 또한 '품앗이 만찬'이라는 행사에 참여하면 물건을 구입할 때 물건 자체보다 물건을 만든 사람을 먼저 떠올리게 된다고 해요. 가령 감자를 구매할 때 감자알의 크기보다는 감자를 키워내기까지 농부의 노고에 감사하고 물건을 교환하면서 서로 간에 신뢰가 쌓이는 것이죠.

여러분은 두 사례를 보며 지역화폐는 생산자와 소비자가 분리되어 있지 않다는 것을 알게 되었을 거예요. 또한 생산자가 공급자이면서 소비의 주체이므로 이 상황에서는 일이 없는 사람에게 일자리를 제공하고, 남의 도움을 받으면서 사는 저소득층 사람들에게도 다른 사람을 돕거나 서비스를 제공할 수 있는 기회가 주어져요. 이것이 한국은행에서 발행한 일반 화폐와의 가장 큰 차이점이지요. 돈이 중심인 사회에서 능력을 인정받지 못한 사람에게 자신의 능력을 발휘할 기회를 제공함으로써 경제적·공동체적 시민권을 되찾게 할 수 있고, 거래가 실명으로 이뤄지기 때문에 인격이 홀대받거나 대가가 저평가되지 않죠. 서로의 관계 속에서 생긴 신뢰감을 바탕으로 나눔의 미덕을 실천하는 삶을 지향하는 지역화폐는 사람이 우선시 되는 사회적 경제를 지역에서 실천하는 좋은 기반으로 자리 잡고 있어요.

자, 그렇다면 여러분은 실천을 해야겠죠. 여러분이 사는 곳에는 지역화폐가 없다고요? 그럼 학교 또는 학급에서 화폐를 만들어보세요. 직접 화폐를 발행할 수도 있고, 가상의 계좌를 만들 수도 있을 거예요. 물건뿐만 아니라 서로의 재능도 나눠보세요. 모두가 소중하고 서로를 인정하는 관계가 형성된다면 여러분은 정말 훌륭한 학생이고, 그 학교는 정말 행복한 학교예요.

착한 여행, 공정 여행을 아시나요?

여러분은 가족들과 함께 국내 또는 해외로 여행을 다녀온 경험이 있을 거예요. 아마도 자신이 좋아하는 여행지가 있을 테고, 좋아할 수밖에 없는 이유도 있을 테죠. 갑자기 웬 뜬금없는 여행 이야기냐고요? 여행에서도 사회적 경제를 실천할 수 있기 때문이에요. 지금부터 여행지에서의 경험과 반성을 통해 사회적 경제의 필요성과 소중함을 알게 된 저의 경험담을 들려줄게요.

2012년 겨울, 가족들과 함께 필리핀 보라카이로 여행을 가게 되었어요. 보라카이를 여행지로 정한 것은 저였어요. 리조트에서 편안하게 쉬면서 마사지를 받고, 세계 3대 비치라는 '화이트 비치'에서 수영을 하며, 세일링 보트에서 석양을 바라보며 우리나라에서 느낄 수 없는 기분을 만끽하고 싶었기 때문이죠. 기대한 대로 보라카이에서의 첫날은 무척 아름다웠어요. 날씨까지 좋아서 제가 보고 싶었던 아름다운 석양을 넋을 잃고 감상했고, 밤에는 야외로 트인 음식점에서 맛있는 해산물 요리를 먹었죠. 럭셔리한 리조트에서 꿀맛 같은 단잠을 자고 나니 모든 피로와 스트레스가 죄다 날아간 듯한 기분이었답니다.

그런데 다음 날 아침, 해변을 거닐며 산책을 하는데 전날과는 다른 모습들이 눈에 보이더라고요. 나무 밑에서 구걸하는 사람, 쓰레기를 치우며 고단한 표정으로 하루를 시작하는 사람, 해변에서 마사지 호객 행위를 하는 사람 등이요. 이런 모습을 보며 잠시 생각에 잠겼어요. '관광객들이 쓰는 돈이 보라카이 주민들의 이익에 보탬이 된다면 이러한 모습을 보기는 어려울 텐데.' 하고 말이죠.

씁쓸한 마음을 추스르기 어려워 숙소에서 보라카이가 개발된 과정, 보라카이 주민들의 현실을 인터넷으로 찾아보았어요. 원래 보라카이는 원주민인 아에타족이 농업과 어업에 종사하며 평화롭게 살아온 터전인데, 1990년대부터 호텔과 리조트들이 들어서면서 원주민들의 강제 이주가 시작되었고, 출입 또한 통제되었다고 해요. 심지어 리조트에 마을을 내어준 가난한 어부들이 그들의 어장이었던 연안에서 고기를 잡다가 바다의 풍경을 어지럽히고 사유지를 침범했다는 이유로 경찰한테 잡혀가기도 했답니다.

보라카이뿐만 아니라 개발도상국의 관광지는 현지인의 인권과 경제적 보상이 제대로 이뤄지지 않고 있다는 사실을 알게 된 후,

나머지 일정은 현지 주민의 삶을 이해하고 반성하는 시간을 가졌어요. 실제로 열악한 환경 속에서 하루하루를 근근이 살아가는 원주민의 모습은 자신이 살던 집에 느닷없이 낯선 사람이 쳐들어와서 쫓겨난 것이나 다름 없었어요. 그리고 돌아오는 비행기 안에서 저 자신에게 결심했죠. 나의 소비로 인해 현지인에게 피해를 주는 여행은 하지 않겠노라고 말이에요.

여러분, 사회적 경제를 실천하는 대표적 여행 형태인 '공정여행'에 대해 들어보았나요? 일명 '착한 여행' 또는 '책임 여행'이라고도 하는데요. 우리가 여행에서 쓰는 돈이 그 지역과 사람들에게 직접 전달되는 여행, 환경을 파괴하지 않고 인간과 자연이 공존할 수 있도록 하는 여행, 서로의 문화를 존중하고 경험하는 여행, 여행하는 사람과 여행자를 맞이하는 사람이 서로가 성장할 수 있는 여행, 쓰고 버리는 소비 위주가 아닌 사람과의 관계를 소중하게 생각하는 여행을 말해요. 즉 원주민, 환경, 지역 경제를 고려하는 여행이죠. "공정여행은 즐거운 불편이다."라는 말이 있어요. 일회용품을 쓰지 않고, 현지인이 운영하는 숙소나 식당, 교통수단을 이용하고, 물을 아껴 쓰고, 비행기 사용을 줄이는 등 소비 위주의 여행에 비하면 불편투성이인 것이 사실이지만, 나와 여행지의 주민 모두가 행복할 수 있는 여행이라면 불편함보다 즐거움이 더욱 크지 않을까요?

히말라야산맥이 지나는 위치에 '부탄'이라고 하는 작은 왕국이

현지인과 함께하는 부탄 여행

있어요. 국민의 97%가 지금 행복하다고 느끼는 나라, "국가는 국민 총 행복지수 GNH를 높이기 위해 노력한다."는 조문을 헌법에 명시한 나라로 최근에 많이 알려졌는데요. 이 나라는 일찍이 경제적 발전과 개인의 정서적·영적 삶의 질을 조화롭게 발전시킬 수 있을지에 주안점을 두고 국가 정책을 시행했다고 해요. 특히 외국인이 이 나라를 여행하기 위해서 다른 나라들과 다른 점이 참 많답니다.

이곳을 여행하는 사람은 여행 기간 매일 약 250달러(USD)를 부탄 정부에 지급해야 하는데, 이 체류 비용 속에는 현지인 가이드비, 교통비, 숙소, 식사가 포함되어 있어요. 이 중 약 60~65달러는 부탄 국민들의 교육비와 의료 서비스를 위해 쓰인다고 해요. 이러한 부탄의 독특한 관광 정책은 여행으로 인해 발생하는 부정적인 영향들을 최소화하기 위한 것이고요. 이 여행 시스템을 통해 그들은 자연과 문화재를 보호하고, 여행자들에게 자신의 문화를 이해시키며, 현지에서 여행자의 소비 활동의 혜택이 현지인에게 돌아가도록 함으로써 서로가 함께 성장하는 여행이 되도록 하고 있어요.

여러분, 어때요? 여행자는 현지인을 만나고, 그들의 문화를 생생하게 배우며, 나의 소비가 여행지에 피해를 주지 않고 오히려 도움이 된다는 자부심을 갖게 되고, 현지인은 전통 문화의 소중한 가치를 여행자에게 전할 수 있다는 긍지를 갖는 멋진 여행이라고 생각하지 않나요?

나만을 위한 여행을 모두가 함께 즐거운 여행으로 바꾸는 일은 쉽지 않을 수 있어요. 돈을 지불했으니 더 안락하고, 더 여유롭기를 원하는건 당연하죠. 그러나 자신의 여행으로 다른 이들이 슬픔에 빠진다면 그 여행이 진정 행복할 수 있을까요? 자신의 여행에 책임지는 자세, 이것만 실천한다면 여러분은 이미 훌륭한 공정 여행가예요.

누구를, 무엇을 위한 정책인가요?

베니스, 내 사랑! (I love Venice, 2013)

헬레나 뮈스켄스, 퀴린 라케 감독

영화 〈베니스, 내 사랑〉 속 정부는 오직 관광객을 중심에 두고, 숫자를 늘리려는 관광 정책을 시행해요. 여행자의 욕구를 채워주는 것과 편안한 서비스를 제공하는 것을 가장 중요한 가치로 여기는 관광 산업으로 인해 17만 명이었던 베니스 인구는 5만 명 이하로 급감하죠. 도시는 단지 상품일 뿐이고, 베니스 주민들은 여행자를 위해 존재하는 그야말로 주객이 전도된 현실을 보여주며 관광으로 인해 삶이 불가능한 도시의 모습을 그린 다큐멘터리 영화입니다.

"집값이 올라도 너무 올라요. 그러니 채소 가게, 빵집, 과일 가게, 세탁소가 버틸 수 있겠어요? 어느 날 손님이 와서 저녁을 준비하러 늘 가던 정육점에 갔더니 기념품 가게로 바뀌어 있는 거예요. 기념품으로 요리를 해 먹을 순 없잖아요?"

이 대사는 베니스가 처한 모습을 잘 보여줘요. 삶에 꼭 필요한 상점들이 물가를 이기지 못해 문을 닫고, 그 자리에 명품 매장과 다국적 브랜드가 입점하는, 작은 골목까지도 관광객을 위한 카페

와 레스토랑이 들어서는 현실을 말이죠. 베니스 주민들은 도시를 방문하는 관광객들에 의한 소음과 쓰레기로 몸살을 앓아요. 게다가 이들이 소비한 돈은 이 지역의 발전과는 무관하게 쓰이죠. 지친 베니스의 주민들은 급기야 대형 크루즈의 정박을 반대하는 선상 시위를 벌이는데요. 선상뿐만 아니라 "우린 살아 숨 쉬는 진정한 도시를 원한다.", "당신은 지금 이곳을 파괴하고 있는 것이다." 등의 피켓을 들고 골목을 행진해요.

여러분, 정말 심각한 문제는 단순히 베니스의 사례가 다른 곳에서 벌어지는 현상이 아니라 최근 우리나라에서도 존재하고 있다는 거예요. '관광객 테러'라는 용어가 등장할 정도로 관광객에 의해 마을 주민들의 생활이 피폐해지는 현상은 실제로 종종 일어나고 있어요. 이를 해결하는 방안으로 관광 허용 시간제 도입, 마을 출입 통행료 징수와 같은 씁쓸한 대책들이 나오고 있고요. 다수의 관광객이 남을 배려하는 마음, 지역의 주민을 위하는 자세를 실천한다면 아마도 이런 결과가 나오지는 않았을 텐데 하는 생각이 들지 않나요?

사회적 경제를 이해하려는 여러분은 마을이 그곳에 사는 주민의 터전이며, 관광객에 의해 주민이 쫓겨나거나 삶이 불행해져서는 안 된다는 것을 잘 알고 있으리라 믿어요. 아직도 이러한 현상을 잘 모르는 친구들에게 이 영화를 추천해주면 어떨까요? 함께 봐도 좋고요. 여러분은 이미 사회의 문제를 해결할 수 있는 능력을 갖춘 '체인지 메이커'이니까요.

5장

'함께'의 힘을 배워가요

사회적 경제에 참여하는 활동은 '나'를 넘어 '우리'로 나아가는 활동입니다. 우리에게 공동체란 무엇이며, 그것이 얼마나 가치 있는지를 가르쳐주죠. 예전에는 '나'를 중심으로 세상을 바라보았지만, 점차 '우리'를 중심으로 세상을 보게 됩니다. 세상을 바라보는 프레임이 달라졌다고 할까요? 사회적 경제에 참여해 소통하고 다양한 경험을 하면서 세상을 보는 시각이 달라지게 된 거죠.

윤혜정

충북고등학교에서 국어를 가르치고 있으며 충북고등학교 학교협동조합을 만드는 일에 함께했다. 자발성의 힘을 믿으며, 학생들이 자발적이고 주체적인 배움의 길로 나아갈 수 있도록 돕기 위해 늘 고민하고 있다.

모두가 행복한 빵집을 만들어요

"이모는 지금처럼 사는 게 행복해요?"

조금은 당돌한, 그러나 진지하게 묻는 조카의 질문을 듣고 한참을 생각에 잠겼습니다.

'지금의 나는 행복한가?'

어린 시절부터 빵 냄새가 참으로 좋았습니다. 맛있는 빵을 만들고 싶다는 꿈을 가지고 열심히 공부해서 유학길에 올랐고, 프랑스에 가서 빵 만드는 방법을 공부하고 돌아왔습니다. 돌아와서는 가로수길에 작지만 저만의 색깔이 있는 빵집을 열었지요. 조금씩 입소문이 나기 시작해 빵집은 SNS에서 꽤 유명한 맛집이 되었습니다. 좋은 재료와 제빵 기술, 미적 감각에 고객들은 선뜻 돈을 지불했고, 그렇게 쌓인 한 달의 매출에서 원재료 가격, 임대료, 세금, 직원의 인건비 등을 제외하면 꽤 많은 금액이 나의 수익으로 돌아왔습니다. 좋은 아이디어로 새로운 빵을 만들면 매출은 더욱 상승했고, 수익도 커졌습니다. 더 열심히 빵을 만들었고, 빵을 먹는 고객들은 행복해했습니다. 그것은 제게 큰 기쁨을 가져다주었지요.

빵집을 운영하는 일은 개인적 차원으로는 수익을 만들어내는 도구인 동시에 나의 꿈을 이루게 해주는 일이었습니다. 사회적으로는 소비자에게 맛있는 빵을 제공하여 기쁨을 주며 시장의 일정한 부분에 기여하는 경제활동이기도 했고요. 경제란 인간의 생활에 필요한 재화나 서비스를 만들고, 나누고, 쓰는 모든 활동과 그 활동을 둘러싼 질서나 제도를 이야기합니다. 빵집을 운영하는 일은 분명 사회에 꼭 필요한 경제활동이었죠. 이처럼 개개인이 각자 좋아하는 일을 하면서 각자의 방식으로 수익을 창출하기 위해 노력하면, 그러한 개인들이 모여 시장은 원활하게 운영되지요.

그런데 어느 날 문득 그런 생각이 들었습니다. '개인적으로 열심히 일하고 수익을 올리고 그것이 전체의 시장 속에서 하나의 부분으로 기능하고 있지만, 나의 노동이 좀 더 사회에 보탬이 될 순 없을까? 조금 더 주체적이고 능동적으로 경제에 관여할 순 없을까?'

그러한 고민이 마음 깊이 깔려 있던 어느 날, 빵을 만드는 사람들의 모임에서 여러 가지 이야기를 나누게 되었습니다. 대기업 프랜차이즈 베이커리에 밀려 빵집 문을 닫게 된 사람의 이야기, 유기농 재료만 쓰다 보니 빵을 비싸게 팔게 되어 고민이라는 사람의 이야기, 빵집 직원으로 근무하며 고된 노동으로 힘들다는 사람의 이야기, 수익을 내려다 보니 자꾸 초심을 잃고 원가를 낮추기 위해 저렴한 재료만 찾게 된다는 사람의 이야기, 프랜차이즈 베이커리 매장을 운영하며 본사와의 갈등으로 어려움을 겪는 가맹점주의 이야기, 새로운 빵 개발에 시간과 비용이 많이 들어 힘들다는 사람의 이야기, 빵 만드는 일이 사회에 보탬이 되었으면 좋겠다고 생각하는 나의 이야기까지. 고민의 지점은 모두 달랐지만, 그 자리에 함께한 사람들의 마음은 좋은 재료를 사용해 좋은 빵을 만들어 많은 사람에게 기쁨을 주고 그 안에서 나 역시 기쁨을 얻었으면 좋겠다는 생각이었습니다.

'빵집을 운영하는 경영자도, 빵을 만드는 노동자도, 빵을 먹는 소비자도, 모두가 행복한 빵집을 만들고 싶다!' 우리는 또다시 고민했습니다. 이야기를 나누며 이상적인 빵집의 모습을 구체적으로 생각해보게 되었습니다. 다른 누군가에게 빵집의 모양을 결정하게 하는 것이 아니라 빵집에 연결된 우리 모두가 함께 주체적으로 선택하고 관여해 그러한 빵집을 실제로 만들고 싶다는 꿈을 꾸게 된 거죠. 주어진 틀 안에서 경제활동을 할 수도 있지만, 우리가 그 틀을 만들어 갈 수도 있지 않을까 하는 생각을 하게 된 것입니다.

모두에게 만족감을 주는 그러한 빵집, 우리는 우리가 꿈꾸는 빵집을 만들 수 있을까요?

우리를 중심으로 세상을 바라봐요

경제를 움직이는 힘은 어디에서 올까요? 애덤 스미스(Adam Smith)는 각 개인의 이기심이 경제를 움직이는 동력이라고 이야기합니다. 각자 자신의 이익을 추구하다 보면 어떤 '보이지 않는 손'에 의해 그것이 자연스럽게 시장의 발전으로 이어진다는 거예요. 개인의 이익을 극대화하기 위해 마트를 운영하는 사람은 열심히 고민해 마트의 매출을 높이고, 무역을 하는 사람은 교섭을 잘해 이익을 극대화하고, 과수원에서 일하는 사람은 맛있는 과일을 생산해 판매한다면 그것이 자연스럽게 재화의 순환을 가져오고 경제 성장의 힘이 된다는 것입니다.

그러나 오랜 시간 개인의 이익 추구, 시장의 자율성에 경제를 맡겨 두다 보니 생각하지 못했던 문제들이 생겨났습니다. 빈부의 격차가 점점 더 커진 거죠. 시장의 성장으로 국가 역시 발전했음에도 어떻게 된 일인지 개인의 삶은 질은 나아지지 않는 이상한 일이 벌어졌습니다. 개인이 이익을 높여서 사회가 발전한다고 해도 그것이 그 사회에 속한 모든 사람을 행복하게 해줄 수는 없었던 거죠. 그러한 현재의 경제 체제에서 만족하지 못하고 의문을 품고 대안을 찾으려는 사람들이 생겨났습니다.

"나의 행복이 사회의 발전과 이어지고, 그러한 사회의 발전이 그 사회 속에 살고 있는 우리의 행복으로 이어질 순 없을까?" 사회적 경제는 이러한 의문에서 출발합니다. 나의 행복과 우리의 행복이 함께 나아가면 좋겠다는 생각에 기반한 것이지요. 생산자는 양심적인 방법으로 생산하고, 소비자는 윤리적으로 소비하며, 각 기업은 사회적 책임을 다할 때 사회가 더욱 건강하게 발전하지 않을까 생각하게 된 것입니다.

사회적 경제는 나, 나의 가정, 나의 사업체뿐만 아니라 우리 마을과 도시, 우리나라, 나아가 세계 시민으로의 자세에 대해 함께 고민합니다. 사회적 기업은 단순히 기업의 이익만을 추구하며 운영하는 것이 아니라 저소득층 등 취약 계층을 고용하거나 그들에게 도움이 되는 복지 서비스를 제공하는 등 사회 속 어려운 문제들에 시선을 돌립니다. 이는 사회적으로 도움이 되는 일들을 실천하는 게 기업 운영의 또 다른 목적이기 때문이지요.

꿈꾸는 빵집을 만들고 싶어 하는 사람들은 일주일에 한 번씩 꾸준히 모임을 가졌습니다. 가장 먼저 한 일은 '우리가 왜 이런 생각을 하게 되었고, 무엇을 원하는가'에 대한 생각을 나누고 공통된 의견을 모아서 정리하는 것이었습니다. 그곳에 모인 이유는 각기 달랐습니다. 어떤 이는 빵집을 운영하는 경영자의 입장에서, 어떤 이는 빵집에서 일하는 노동자의 입장에서, 어떤 이는 빵집이 속한 지역민의 입장에서, 또 어떤 이는 소비자의 입장에서 자신의 이야기를 풀어놓았지요.

각자 원하는 빵집의 모습을 이야기하고 생각을 덧붙이다 보니 저마다 주의를 기울이고 있는 부분은 모두 달랐지만 모두가 원하는 공통의 모습, 그 동그라미 속에 '우리'가 함께 행복할 수 있는 빵집을 만들자는 것에는 의견을 같이했습니다. 그리고 우리는 협동조합의 형태로 사업체를 꾸려가자며 생각을 모았습니다. 생산자와 소비자가 함께 조합원으로 활동하며 모두에게 이로운 사업체를 만들어보자는 것이었지요. 그들은 빵집이 홀로 잘 되는 것에 초점을 맞추지 않고, 빵집이 놓인 마을에까지 시선을 돌렸습니다. 그 마을의 구성원들과 함께하는 빵집을 만들고자 한 거죠.

꿈꾸는 빵집이 '모두에게 행복을 주는 빵집을 만들자'는 같은 목표로 만들어진 것처럼 협동조합은 같은 뜻, 같은 목적을 추구하는 사람들이 자신들의 필요를 충족시키기 위해 만든 사업체입니다. 그렇기 때문에 이윤 추구를 목적으로 하지 않고, 조합원들의 필요와 생각을 만족시키는 것에 우선적인 가치를 두지요. 협동조합의 원칙 중에는 '지역사회에 대한 관심의 원칙'이 있는데, 협동조합은 반드시 자신이 속한 지역사회의 발전에 관심을 가지고 공헌해야 한다는 것입니다. 이러한 원칙처럼 협동조합은 자신이 속한 지역의 발전에 많은 관심을 가지고, 어떻게 하면 지역의 발전에 도움이 될까를 고민하며 지역사회 안으로 들어갑니다.

꿈꾸는 빵집의 빵들은 마을의 여러 곳으로 갔습니다. 학교에도 가고 어린이집으로도 갔지요. 꿈꾸는 빵집의 빵을 주문하는 한 고등학교에는 조금 특별한 매점이 있었어요[1]. 보통의 매점은 자본을 가진 개인이 자신의 이익을 추구하며 운영하는 경우가 대부분입니다. 그러한 매점들은 학교라는 한정된 공간에서 많은 이익을 추구하려다 보니 먹거리에 대한 검증 없이 저렴하고 질이 낮은 음식들을 마구 들여오는 경우가 많았습니다. 무엇으로 만들었는지 알 수 없는 정체불명의 500원짜리 햄버거들, 그런것들이 건강에 좋을 리 없었죠.

그러나 이 학교의 매점은 뭔가 달랐습니다. 우리와의 인연도 그래서 이어졌지요. 자본은 없었지만 필요와 열정이 있었던 학생, 교사, 학부모들은 힘을 모아 우리가 그러했던 것처럼 협동조합 매점을 만들었습니다. 그들은 건강한 재료로 만든 건강한 먹거리를 저렴하게 판매했고, 수익은 학생들을 위해 사용하였습니다. 또한 학교 매점에서 이루어지는 조합원들의 소비가 지역사회

....
1. 충북고등학교 학교협동조합의 운영 내용을 바탕으로 기록된 이야기입니다.

를 돕는 일로 연결되게 하고 싶다는 생각으로까지 나아가게 되었
지요. 지역을 위해서 도움이 되고 싶다는 생각했던 그들은 저소
득층을 훈련시켜 직원으로 고용하는 우리 빵집에 관심을 두게 되
었고, 우리에게 빵을 공급받아 판매하였습니다. 학생들이 빵을
많이 구입할수록 꿈꾸는 빵집의 수익은 늘어나고, 그것이 저소득
층 직원들을 더 많이 고용하는 데 작은 부분이나마 도움이 된다
고 판단한 것이지요.

이 이야기들을 전해 듣고 고등학생들의 깊은 생각에 우리는 또
한 번 감동했습니다. 우리 역시 더 좋은 빵집을 만들고, 더 좋은
어른이 되어야겠다고 생각하게 되었지요. 정직하고 건강한 빵이
정직하고 건강한 매점으로 흘러가 서로에게 도움이 되었습니다.
학생들은 유기농 먹거리를 가공해 판매하는 지역의 농장과 연계
해 제품을 판매하기도 하였습니다. 지역에서 생산된 건강한 재료
로 만든 과자를 판매하면서 원재료에 관심을 가지게 되었고, 건강
한 재료의 중요성도 알게 되었지요.

어느 날은 지역 뉴스를 보는데, 그 학생들이 나오지 뭐예요? 학
교협동조합을 중심으로 학교 친구들과 '플래시 몹(Flash Mob)' 행
사를 실시해 세월호 사고를 추모하는 기회를 가졌다는 내용이었
습니다. 이렇게 지역과 사회로 눈을 돌리는 여러 사업을 통해 조
합원들은 자신이 지역과 사회의 일부이며, 자신이 지역으로부터
도움을 받으며 살아가고 있다는 것을 깨닫게 되겠지요. 더불어 자

신 역시 지역에 도움이 될 수 있는 존재라는 사실도요.

우리가 만든 빵은 마을의 한 어린이집으로도 갑니다. 그곳 역시 다른 곳과는 조금 달랐어요. 학부모들이 직접 만든 공동육아 어린이집이었지요. 공동육아 어린이집은 마을의 아이들을 함께 잘 키우자는 생각에서 시작되었는데, '공동으로 아이들을 기르는 어린이집'이라는 뜻을 가지고 있습니다.

보통의 어린이집은 원장이 교사를 고용하고 아이들을 모집합니다. 그러나 공동육아 어린이집은 학부모들이 어린이집의 설립과 운영에 직접 참여하지요. 학부모들이 직접 교사를 선발하기도 하고요. 부모들은 흔히 자기 아이에게만 관심을 두기 쉬운데, 공동육아 어린이집은 함께 어린이집을 꾸려가는 과정에서 자연스럽게 내 아이와 다른 아이, 그리고 아이들 전체에 관심을 두게 됩니다. 아이들 모두에게 좋은 어린이집이 무엇인지 함께 고민하는 거죠. "한 아이를 키우려면 온 마을이 필요하다"라는 말처럼 부모들이 힘을 모아 마을의 아이들을 함께 키우는 것입니다. 이 과정에서 자연스럽게 '우리'의 개념이 '가족'에서 '마을'로 확대되는 경험을 하게 되는 것이지요.

사회적 경제에 참여하는 활동은 '나'를 넘어 '우리'로 나아가는 활동입니다. 우리에게 공동체란 무엇이며, 그것이 얼마나 가치 있는지를 가르쳐줍니다. 학교협동조합에 참여하는 학생들은 학교에 다니며 단순히 '나'에게 필요한 것이 아니라 '우리'에게 필요한 것이 무엇인지, 그것을 조합에서 어떻게 해결할 수 있을지를 고민합니다. 또한 공동육아 어린이집에 참여하는 학부모들은 어떤 선택이 아이들 모두에게 가장 좋은지에 대해 고민하고요. 예전에는 '나'를 중심으로 세상을 바라보았지만, 점차 '우리'를 중심으로 세상을 바라보는 것이지요. 세상을 바라보는 프레임이 달라졌다고 할까요? 사회적 경제에 참여해 소통하고 다양한 경험을 하면서 세상을 보는 시각이 달라지게 된 거죠.

공동체(Community)란 사람들이 모여 하나의 유기체적 조직을 이루고 목표나 삶을 공유하면서 공존하는 조직을 일컫는 말입니다. 즉 개인이 모여 함께 나아가고 함께 존재하는 조직인 거죠. 사회적 경제활동을 하며 사람들은 깨닫습니다. 우리를 위한 행동과 결정을 이어갈 때 지금까지와는 다른 행복감이 느껴진다는 것을요. 우리가 함께 잘 사는 것이 결국 나를 잘 살게 하는 일이라는 것도 말이죠.

민주 시민의 모습을 배워요

커다란 목표를 함께 설정하였다고 하더라고 사람들의 생각은 각각 다르기 때문에 목표를 향해 나아가기란 쉬운 일이 아니었습니다. 가령 '좋은 학급을 만들자'는 의견에 모든 구성원이 동의했다고 하더라도, '좋은'이라는 단어에 포함시키는 구체적인 내용들은 사람마다 다른 것처럼 말이죠.

빵집을 만드는 일도 마찬가지였습니다. A는 파티셰를 여러 명 뽑아서 개개인의 노동 시간을 줄일 수 있는 빵집을 만들자고 하였고, B는 유기농 밀로 만든 빵을 저렴하게 공급할 수 있는 빵집을 만들자고 하였습니다. C는 지역 안에서 사람들에게 의미가 있는 문화 공간의 역할을 할 수 있는 빵집을 만들자고 하였습니다. 물론 A, B, C의 의견이 모두 반영된 빵집을 만들 수 있다면 제일 좋겠지요. 그러나 예쁜 모양만 각각 골라 붙여놓은 그림이 때론 조화롭지 않을 수도 있는 것처럼 모두의 의견을 반영하는 것이 꼭 최선의 결과를 도출하는 건 아닙니다. 쉽지 않은 과정을 거쳐야 하겠지만, 어떤 의견은 받아들이고 어떤 의견은 받아들이지 않을지에 대한 조율이 필요했지요.

어떤 이들은 여러 사람의 의견을 듣고 조율하는 일이 비효율적이라고 주장하기도 합니다. 가장 똑똑하고 감각 있는 사람이 주도적으로 이끌어나갈 때 더 좋은 결과로 이어진다고 이야기하는 거죠. 하지만 그렇지 않습니다. 존 스튜어트 밀(John Stuart Mill)이라는 사상가는 그의 저서 《자유론》에서 전체의 의견과 단 한 사람의 의견만 다르더라도 의견이 다른 한 사람의 이야기를 들어봐야 한다고 이야기합니다. 만약 그의 의견이 옳은 것이라면 그를 통해 조직의 잘못된 선택을 막을 수 있고, 그의 의견이 옳지 않다면 그를 설득하는 과정에서 전체의 의견을 더욱더 단단하게 만들 수 있다는 것이지요.

사회는 다양한 의견을 가진 사람들로 구성되어 있고, 민주 사회는 이를 조화롭게 받아들이며 나아갑니다. 사회적 경제에 참여하는 활동은 이미 그 자체로 사회에 이로운 경제활동일 뿐만 아니라, 그 과정 속에서 민주 시민이 갖춰야 하는 여러 가지 자질을 배울 수 있습니다.

'민주 시민(民主 市民)'이란 국민이 주인이 되어 권력을 행사하는 민주 사회의 시민이라는 뜻입니다. 그렇기에 민주 시민은 주체 의식을 가지고 사회와 정치를 좋은 방향으로 나아가게 할 의무와 책임을 가지며, 동시에 그 사회와 정치의 주체로서의 권리를 가지게 됩니다. 민주 시민에게 필요한 여러 가지 덕목 중 중요한 한 가지는 바로 의사결정을 잘 하는 것입니다. 주어진 정보를 바탕으로 현명하게 판단해 가장 합리적이라고 여겨지는 의사결정을 하는 거죠. 사회적 경제활동에서 이루어지는 단계 단계의 과정들은 끊임없는 의사소통과 의사결정의 연속입니다. 따라서 자연스럽게 합리적 의사결정 능력을 향상시킬 수 있게 되는 거죠.

꿈꾸는 빵집을 만들기 위해 사람들은 끊임없이 소통했습니다. 하나의 협동조합을 만드는 일은 처음부터 끝까지 모든 것을 우리가 결정해야 하는 지속적인 의사결정의 과정입니다. 끝없는 소통과 조율을 통해서 합리적인 결정으로 나아가게 되는 것이지요.

B는 국산 유기농 밀가루를 원재료로 사용한 식빵을 2,500원에 판매하자고 이야기했습니다. 그러자 C는 원재료 가격과 인건비 등 운영비를 계산했을 때, 식빵을 2,500원에 판다면 한 달에 2,000개를 팔아도 운영에 필요한 최소한의 이익을 얻을 수 없다고 이야기합니다. 사람들은 머리를 맞대고 최소한으로 필요한 운영비를 마련하기 위해 4,000개를 팔 수 있는 홍보 방법에 관해 이야기하기도 하고, 식빵을 3,500원에 파는 안을 제안하기도 합니다. 어떤 사람은 수입산 유기농 밀가루를 사용해 원가를 줄이자고 말하기도 하죠.

꿈꾸는 빵집이 추구하는 뜻의 범위 안에서 사람들은 다양한 의견을 제시합니다. 이때 어느 한 사람의 의견이 강하게 작용해 결정될 순 없습니다. 꿈꾸는 빵집은 협동조합의 방식으로 사업체를 꾸렸기에 모두에게 1인 1표의 의결권이 동일하게 주어집니다. 격렬하게 의견을 교환하고 생각을 나누며 각자 자신의 생각을 정리하고 모두가 1인 1표의 의결권을 행사해 의사결정을 내리는 거죠. 가격 결정, 운영 방식, 운영 시간, 포장 방법, 내부 인테리어, 원료 공급, 고용, 홍보 등 운영을 위한 크고 작은 결정들은 조합원들, 혹은 그들에게 의결권을 위임받은 이사들의 끊임없이 상의로 이루어지는 것입니다.

개인이 운영하는 가게에서도 물론 주인의 뜻에 따른 선택의 과정이 존재합니다. 그러나 협동조합과 같은 사회적 경제에서는 그러한 선택을 위해 그곳에 속한 사람들과의 의사소통 그리고 함께 의사결정을 하는 과정이 존재합니다. 이러한 의사결정 과정은 민주 사회에서 이루어지는 여러 의사결정과 매우 닮아 있습니다. 합리적인 의사결정 능력이 자연스레 향상되는 것이지요. 실제로 협동조합을 만들어서 운영한 한 고등학생은 학교협동조합을 만드는 과정을 통해 의견을 정리해 상대에게 전달하는 능력이 크게 향상되었으며, 상대방의 의견을 잘 듣고 서로 조율하는 힘이 생겼다고 이야기합니다.

또한 사회적 경제활동 안에서 이루어지는 여러가지 의사결정을 통해 한 표의 가치를 실제로 체득할 수 있게 됩니다. 대통령 선거나 국회의원 선거 등 국민의 투표는 대의민주주의를 선택한 우리나라에서 중요한 힘을 발휘합니다. 대의 민주주의란 대통령이나 국회의원 등 대표자를 뽑아 국민을 대신해서 정책을 결정하게 하는 형태의 민주주의이지요. 따라서 어떠한 정당의 후보를 선택했느냐에 따라 정책의 방향이 달라지고, 어떠한 정책이 만들어지느냐에 따라 우리의 삶이 달라집니다. 그런데 어떤 사람들은 선거에서 나의 한 표가 얼마나 가치 있는지 잘 알지 못합니다. '수십만 표, 수백만 표, 수천만 표 중 고작 한 표가 무슨 의미가 있겠어?'라고 생각하는 거죠.

협동조합을 설립하고 운영하는 과정은 우리에게 한 표의 가치를 가르쳐줍니다. 나의 한 표로 조합의 운영 방향이 실제로 달라질 수 있음을 가까이에서 지켜보며 한 표의 가치를 귀하게 여기게 됩니다. 동시에 특별한 결정자에 의해서가 아니라 모두가 동일하게 행사한 한 표를 바탕으로 의사결정이 이루어지는 과정을 보며 모두를 동등하게 존중하는 마음 역시 가지게 됩니다. 이러한 과정 역시 민주 시민으로서 살아가는 데 큰 힘이 되겠지요.

또한 민주 시민에게 중요한 것은 합리적인 의사결정을 바탕으로 잘 행동하는 것입니다. 머릿속으로만 결정하고 그친다면 사회는 늘 제자리일 수밖에 없겠죠. 협동조합과 같은 사회적 경제활동을 통해 우리는 실제로 삶 속에서 우리의 결정을 실천하게 됩니다. 회의를 통해 합리적이라고 판단되는 결정이 이루어지면 그것은 협동조합의 운영에 즉각적으로 반영되니까요.

그러나 무엇보다도 의미 있는 것은 사회적 경제활동에 참여한 각 개인이 주체성을 갖게 된다는 것입니다. 학교협동조합에서 활동하는 학생들은 예전에는 학교 안에서 무언가 필요로 하는 것이 있어도 '그것을 과연 이룰 수 있을까?'하는 의구심을 갖는 경우가 많았습니다. 예를 들어, 학교에서 간식을 사 먹는 일이 그러했지요. 일과 중 자유롭게 학교 밖으로 나갈 수는 없고 배는 고프고요. 몰래 학교를 빠져나가 편의점에서 맛있는 것을 사서 먹고 들어오는 정도의 주체성을 발휘했을 뿐, 근본적인 대책을 만드는 것은 엄두를 내지 못 했던 것입니다.

그러다가 필요하다면 우리가 직접 매점을 만들자는 생각이 모였고, 학교협동조합을 만들었으며, 학교 매점을 열면서 조합의 설립에 참여한 이들에게는 자신감이 생겼습니다. 어떠한 일이든 주도적으로 이끌어나갈 수 있고, 그 일을 실제로 해낼 수 있다는 확신을 가지게 된 거죠. 우리의 매점이니 우리가 결정하고 책임져야 한다는 주체성도 갖게 되었고요.

공동육아 어린이집도 마찬가지입니다. 운영자이면서 사용자이고 또 소유자인 학부모들은 주체적으로 참여하고 또 책임지는 모습을 보입니다. 교육과정을 짜는 일도 교사를 초빙하는 일도 모두 나의 일이자 우리의 일이니까요. 모두가 주체적으로 참여해 좋은 모델을 만들어나갈 때 자신의 아이들에게 좋은 교육 기회를 제공할 수 있다는 것을 부모들은 경험하게 됩니다.

협동조합은 작은 사회입니다. 그 안에서 이루어지는 민주적인 소통과 경험을 통해 사회적 경제에 참여하는 사람들은 타인이 아닌 자신이 주체가 되는 삶을 살아갑니다. 그리고 그러한 삶의 경험은 더욱 큰 사회, 즉 지역이나 국가로 나왔을 때도 동일한 자세로 살아갈 수 있도록 힘을 줍니다. '타인'에게 결정과 행동을 마냥 미뤄두는 것이 아니라 내가 그리고 우리가 주체가 되어 움직이는 삶을 살게 되는 것이지요.

'함께'는 '혼자'보다 힘이 세요

"이모는 지금처럼 사는 게 행복해요?"

조카의 질문으로 시작된 여정이었습니다. '어떻게 사는 것이 나에게 행복한 것일까?'를 생각하다 보니 꿈꾸는 빵집에 이르게 되었습니다. 뜻을 같이하는 좋은 사람들을 만났고, 그들과 꿈꾸는 빵집을 만들며 많은 것을 배우게 되었습니다. 어떤 빵집을 만드느냐가 실은 어떻게 살고 싶은가와 연결된다는 것도 알게 되었지요.

빵집에 고용되는 노동자의 노동 시간과 급여를 설정하면서 노동의 가치에 대해 생각하게 되었고, 사회적으로 노동의 가치를 어떻게 대우해야 할지 고민하게 되었습니다. 또한 빵을 만드는 원재료를 친환경 유기농 제품으로 공급받으면서 지구 안에 존재하는 인간으로서 환경에 대한 고민을 이어가야 한다는 것을 알게 되었습니다. 환경에 대한 관심이 깊어졌고, 그러한 고민을 멈추지 말아야 한다는 생각도 했습니다. 환경을 보호하는 것이 결국 인간의 몸을 이롭게 한다는 것도요. 나아가 빵을 만들어 지역아동센터에 정기적으로 보내고, 지역 사람들을 직원으로 고용하면서 우리가 마을과 유기적으로 연결되어 있다고 생각했습니다. 수익이 점점 늘어나면서 근처 학교에 다니는 형편이 어려운 학생들에게 장학금을 줄 수 있게 되면서 우리가 가진 것을 나누는 기쁨 역시 배우게 되었지요.

우리는 '꿈꾸는 빵집' 하나로만 존재하지 않았습니다. 더 큰 테두리 안에 놓여 있었습니다. 근처 유기농 농장에서 재료를 공급받고, 같은 마을에 사는 인테리어 사장님의 도움을 받아 가게를 예쁘게 꾸미고, 그렇게 만들어진 빵집에서 좋은 빵을 만들고, 그 빵을 팔거나 나누고, 그로 인한 수익은 빵집을 운영하는 일과 주변 마을에 도움이 되는 일을 찾아 나누는 데 사용했습니다. 우리가 홀로 있지 않고, 마을 안에서 함께 존재하고 있다는 것. 서로가 서로를 '우리'로 인식하게 되면서 더욱 견고한 마을 공동체가 만들어졌고, 꿈꾸는 빵집을 만들며 우리가 함께 잘 살아갈 때 그 안에서 내가 더 행복할 수 있다는 귀한 깨달음을 얻게 되었습니다. 나의 문제뿐만 아니라 우리의 문제에 관심을 갖고 함께 해결해나가며 내가 더 좋은 사람이 된 것 같은 느낌을 맛본 것은 덤으로 따라온 기쁨이었습니다.

긴 시간 동안 꿈꾸는 빵집을 준비하며 모든 사람과 의견이 잘 맞았던 건 아닙니다. 회의를 하면서 때로는 내 의견이 받아들여지지 않아 화가 나고 속상했던 적도 많았지요. 그러나 오랜 시간 의견을 조율하고 또 조율하며 우리는 빵집의 모양을 만들어갔습니다. 돌아보니 그러한 과정에서 스스로가 많이 성장했다는 것을 느낍니다. 상대방의 의견에 귀기울일 수 있게 되었고, 내 의견을 조리 있게 이야기할 수 있게 되었으며, 무엇보다 합리적인 과정을 통해 의사결정할 수 있는 힘이 생겼습니다. 어느 곳에 가든지 내가 속한 곳에서 손님처럼 멀리 떨어져 결정을 미루는 것이 아니라 주체적으로 나의 일, 우리의 일을 결정해야겠다는 다짐도 하게 되었고요. 예전에는 그러지 못했지만 이제는 그렇게 할 수 있을 것 같다는 자신감이 생긴 것, 그것이 꿈꾸는 빵집을 만들면서 가장 달라진 점입니다.

만약 혼자였다면 사회에 보탬이 되는 빵집을 만들고 싶다는 꿈은 그냥 꿈으로 그쳤을지도 모릅니다. 하지만 같은 꿈을 꾸는 사람들이 있어서 걸음을 내딛었고, 나아갔고, 결국 꿈꾸는 빵집을 만들 수 있었지요. 함께한다는 것은 각자 가지고 있는 힘, 그 합을 뛰어 넘는 힘을 만들어낼 수 있는 원동력이 됩니다. 예전에 어딘가에서 봤던 문구가 떠오릅니다. "함께 꾸는 꿈은 현실이 됩니다."

저는 여전히 맛있는 빵을 만들고 있고, 그 빵을 먹으며 많은 사람이 행복해할 때 행복을 느낍니다. 그리고 제 옆에는 그러한 행복을 함께 나눌 수 있는 좋은 사람들이 함께하고 있습니다. 나의 행복이 우리의 행복과 연결되는 것 그리고 그로 인해 내가 더 행복해지는 것. 이것이야말로 사회적 경제에 참여하며 얻게 된 가장 큰 선물입니다.

'함께'는 힘이 셉니다. 그리고 그 안의 '나'는 더 행복합니다!

소통하는 민주 시민을 꿈꾸며

12명의 성난 사람들 (12 Angry Men, 1957)

시드니 루멧 감독

영화 12명의 성난 사람들은 미국의 한 재판장을 배경으로 합니다. 18세의 소년의 살인 사건에 관해 최종 결정만을 남겨둔 상황에서 영화는 시작되죠. 이미 재판장은 소년의 유죄를 예상하는 분위기가 압도적이었고, 최후의 판결을 앞둔 12명의 배심원들은 만장일치로 의견을 모아올 것을 요구받습니다. 배심원들이 만장일치로 유죄라고 결정할 경우, 소년은 1급 살인죄로 사형을 선고받게 될 거라는 이야기와 함께요.

배심원들의 부담이 더욱 커진 가운데 그들은 투표를 하고 결과는 12명의 배심원 중 1명을 제외한 11명의 유죄 판결. 그런데 다른 의견을 가진 단 1명의 배심원이 전원 유죄 판결로 결정안을 올리자는 다른 배심원들의 회유에 완강하게 맞섭니다. 사건의 정황을 미루어볼 때, 절대로 소년이 범죄를 저질렀을 리 없다는 것이었죠. 나머지 배심원들과의 설전이 계속되며, 그는 소년의 무죄를 밝히기 위해 사건을 처음부터 되짚어 갑니다. 편견과 선입견을 버릴 것을 요청하고, 사람은 사실을 왜곡해서 인지할 수 있다는 것을 주장하며 사람들을 계속 설득하죠.

두 시간 동안 12명의 사람들은 합리적이라고 믿는 근거를 들어가며 끊임없이 상대를 설득하고 의견을 주장합니다. 이 과정을 통해서 사람들은 소년이 죄를 짓지 않았을 수도 있다는 합리적인 의심을 하게 되죠. 결국 만장일치로 소년의 무죄를 결정하게 됩니다.

이 영화는 민주 시민으로서 가져야 할 소통의 자세에 대해 많은 생각을 하게 해줍니다. 다수의 의견을 무조건 따라가지 않는 태도, 편견을 버리고 사실을 있는 그대로 받아들여 정보를 획득하는 게 얼마나 중요한지 잘 알려줍니다. 다른 사람의 의견을 잘 듣되 타당한 근거를 제시해 나의 의견을 이야기할 줄 알아야 한다는 사실도요. 이 영화를 통해 민주 시민에게 필요한 '소통의 자세'에 대해 생각해보는 기회를 가질 수 있다면 좋겠습니다.

6장

세상을 바꾸는 체인지 메이커

소셜 앙트레프레너십(Social Entrepreneurship)을 갖춘 진정한 사회적 기업가들은 체인지 메이커로서 어떤 문제가 발생했을 때에 누군가가 대신 해결해주기를 기다리지 않고, 자발적으로 내 안의 목소리에 귀기울여 분명한 동기를 찾아냅니다. 그리고 열정을 토대로 직접 행동하지요. 또한 이들은 자신의 비전이 사회 전체의 새로운 규범으로 자리 잡을 때까지 쉬지 않고 전진합니다.

임세은

'더불어 사는 삶'을 위한 교육을 실현하고자 사범대학에서 가정, 국어 교육을 전공했다. 학교 안팎에서 다양한 교육적 혁신을 시도하는 '커뮤니코'와 '유쓰망고' 두 단체를 운영하며, 전국 청소년들의 '체인지 메이커' 생태계를 조성하는 데 힘쓰고 있다. 현재 이화여대 사회 경제 협동 과정 석사 2학기에 재학 중이다.

당신은 체인지 메이커인가요?

'체인지 메이커'라니 이게 무슨 말인가 싶지 않나요? 체인지 (Change)는 '변화'를 뜻하고, 메이커(Maker)는 '만드는 사람'을 뜻하 죠. 두 단어를 합하면 '변화를 만드는 사람'이라는 뜻인데, 처음 들 으면 언뜻 와닿지는 않을 거예요. 왠지 모르게 아주 대단한 사람 들을 가리키는 뜻인가 싶기도 하죠? 하지만 여러분도 체인지 메이 커의 정체성을 갖고 있을지 몰라요!

대체 무슨 말인지 어리둥절한가요? 집에서는 부모님이 시키는 대로, 학교에서는 선생님이 시키는 대로, 순응하며 수동적인 자세 로 살아온 사람이라면 '변화가 꼭 필요한가? 변화를 왜 만들어야 할까?' 하는 의문이 들 수도 있어요. 오히려 체인지 메이커에 대해 반감이 들 수도 있어요. 하지만 누군가는 긍정적으로 반응하기도 합니다. '변화? 그래 꼭 필요해. 내가 직접 변화를 만들고 싶어! 이미 나는 내 삶 속에서 소소한 변화를 만들어왔잖아. 난 체인지 메이커였어!' 이렇게 체인지 메이커로서 자신의 존재 가치를 인정하며 스스로를 체인지 메이커라고 허락할 수 있습니다.

변화를 만든다는 건 무척 어렵고 힘든 일이라 생각할 수 있어요. 하지만 즐거운 상상을 해보면 어떨까요? 방글라데시의 가난한 이들의 삶을 개선하기 위해 무담보 소액대출 운동을 하며 그라민 은행을 설립한 무함마드 유누스(Muhammad Yunns)는 유명한 체인지 메이커입니다. 빈곤 퇴치에 앞장선 공로로 2006년 노벨평화상을 수상하기도 했죠. 그는 변화의 비결을 이렇게 이야기합니다.

공상과학소설이 결국 과학을 움직였다.
먼저 상상해야 변화가 일어난다.
그렇다면 사회를 변화시키려면
소셜픽션(Social Fiction)을 써야 하는 것 아닌가?

지금은 일상생활 속에 너무 익숙해진 스마트폰, 대륙 간 항공, 인공 강우 등을 1800년대 말 여러 공상과학소설(Science Fiction)에서는 상상을 통해 그려내고 예측했습니다. 상상의 힘은 새로운 과학기술을 발달시키며 혁신적인 변화를 만들어냈죠. 이처럼 마음껏 상상하고 토론을 나누며 함께하는 것만으로도 변화를 만들 수 있답니다. 그럼 저와 함께 체인지 메이커로서 여정을 떠나 볼까요?

체인지 메이커 사회의 롤모델인 사회적 기업가

우선 '기업가정신'이라는 말부터 살펴보도록 할게요. 영어로 표현하면 '앙트레프레너십(Entrepreneurship)'이라고 합니다.

'앙트레프레너(entreprtneur)'란 기업가를 뜻하는데요. 단순히 사업체를 설립, 조직, 관리하는 경영자의 의미를 넘어서, 프랑스어 ertre와 prendre가 합쳐 만들어진 단어예요. 본래의 뜻은 '시도하다', '착수하다', '위험을 감수하다' 입니다. 여기에 기술이나 상태, 자세, 정신이라는 뜻의 '~ship'이 붙은 게 기업가정신, 즉 앙트레프레너십입니다.

그러니까 '기업가정신'을 갖춘 사람이란 무언가 남들이 해보지 않은 일을 시도하는 사람, 위험을 감수하며 새로운 생각을 바탕으로 사업하면서 이윤을 창출하는 모험가들을 가리키는 셈이죠. 그런데 이 '기업가정신' 앞에 'Social'이라는 사회적 가치 및 책임까지

더해 수행한다면 어떻게 될까요?

그렇습니다 '소셜 앙트레프레너십(Social Entrepreneurship)'은 사회적 기업가정신이라는 의미를 가집니다. 기존의 시스템과 방식 등 문제라고 생각하는 원인을 찾아 고치거나 사회 전체의 프레임을 바꾸어 혁신적인 가치 및 활동을 만들고 책임지죠.

우리 사회에서는 흔히 '사회적 기업가들이 갖춘 정신'이라는 말로 쓰입니다. 사회적 기업가들은 남들이 해결하지 않는 사회 문제를 자신의 문제로 인식하고 이를 적극적으로 해결하려고 하죠. 그것을 위해서 본인이 약간의 손해를 감수하더라도 꾸준히 노력하며, 변화와 혁신을 통해 사회적 가치를 창출합니다.

그렇다면 '기업가정신'과 '사회적 기업가정신'에는 어떠한 차이가 있을까요? 기업가정신은 아이디어의 범주에 제한이 없어요. 수익,

표 1 기업가정신과 사회적 기업가정신의 비교

기업가정신 (Entrepreneurship)	사회적 기업가정신 (Social Entrepreneurship)
개인적 지식과 기술의 강화	집합적 지혜를 통해 얻어짐
아이디어 범주에 제한이 없음	사회에 긍정적인 영향력을 행사하는 데 초점
이익(수익) 창출이 목적	이익(수익) 창출이 수단
단기적, 재정적 수익에 초점	장기적, 역량 향상을 도모
미래의 수익창출을 위한 재투자	사람들을 돕고 섬기는 데 사용

서울시교육청,《서울시교육청 중학교 사회적 경제 교사용 지도서》, 2016, 96쪽

이익을 만들어내는 일이 가장 중요하죠.

반면, 사회적 기업가정신은 사회에 긍정적인 영향력을 주는 것이 핵심입니다. 당장 이익은 크게 중요하지 않아요. 장기적으로 좋은 변화를 일으킬 수 있는지에 더 집중합니다. 그래야만 이익이 생기더라도 금방 사라지지 않을 테니까요.

좀 더 간단히 구분해볼까요? 기업가정신은 이익을 미래의 수익 창출을 위한 재투자로 보지만, 사회적 기업가정신은 이익을 통하여 사람들을 돕고 섬기는 데 사용해 지속 가능성을 기대합니다.

그리하여 사회적 기업가들은 체인지 메이커 사회의 중추적인 롤모델이자 시민 영역(Citizen Sector)의 원동력을 맡고 있습니다. 협력과 교류를 통해 사회적인 영향력을 확산하고 증대시킬 수 있기 때문이지요. 사회적 기업가들은 급격히 진화하는 환경에 유연하게 대처할 수 있는 새로운 협력 방법인 '팀 오브 팀스(Team of Teams)' 모델로 체인지 메이커들과 함께 힘을 모읍니다.

팀 오브 팀스는 말 그대도 하면 '팀 안의 팀', '팀이 또 하나의 팀을 이룬다.'라는 말이에요. 하나의 조직 자체가 중심이기보다는 함께 해결해나가고자 하는 문제가 중심이지요. 공통의 목표를 위해 개별 팀들은 흩어지기도 하고 다시 결합하기도 하며 서로를 돕는 것입니다. 이는 빠르게 변화하는 사회에 유연하게 대응하기 위한 새로운 조직의 방식이에요. 또한 현대사회의 문제는 단 한 사람보다 여러 이해관계자가 함께 모여서 집단지성의 힘을 모아야만 지혜롭게 풀 수 있기 때문이기도 하고요.

　때로는 청소년 여러분의 참여가 전문가 집단보다 문제를 해결하는 데 큰 도움이 되기도 합니다. 이를테면 10대들의 고민거리, 학교에서 발생하는 문제들은 오히려 청소년들이 더 자세히 알고 있는 경우가 많아요. 여러분도 팀원이며, 또 다른 팀과 결합해 새로운 문제해결을 위한 팀 오브 팀스를 이루는 거죠.

　팀의 구성원들은 서로 수평적이고 개방적인 특징을 보여요. 자기주도성과 상호 신뢰를 가지고 스스로 움직이고요. 이들은 누군가가 대신 해결해주기를 기다리지 않고, 자발적으로 내 안의 목소리에 귀기울여 분명한 동기를 찾아냅니다. 그리고 열정을 토대로 직접 행동하죠.

　물론 변화를 만들어내는 건 쉽지 않아요. 상상한 내용이 늘 실현되는 것도 아니고요. 또한 대부분 사람은 '그건 원래 그래', '해봤자 안 될 걸', 눈앞에 보이는 현실의 벽에 부딪혀 미래도 당연할 거라고 방치하며 부정적인 생각을 하기 쉽습니다. 하지만 생각을 선환하고 변화가 시작되면 그것 역시 금방 자연스럽게 받아들여지게 됩니다.

　콜럼버스의 달걀을 떠올려보세요. 신대륙을 발견하고 돌아온 콜럼버스를 시기한 나머지 사람들은 "누구나 할 수 있는 일이다!"라고 비아냥거렸죠. 그러자 콜럼버스는 사람들에게 달걀을 세워보라고 했습니다. 다들 여러 차례 시도해봤지만 모두 실패한 가운데, 콜럼버스는 달걀의 한쪽 끝을 조금 깨뜨려서 세웁니다.

이처럼 처음 변화를 만드는 사람은 다른 사람의 비난에 대하여 감수하는 용기, 장애물과 도전을 띄어 넘는 불굴의 정신과 같은 공통적인 특성들을 갖고 있습니다.

따라서 소셜 앙트레프레너십을 갖춘 진정한 사회적 기업가들은 체인지 메이커로서 자신의 비전이 사회 전체의 새로운 규범으로 자리 잡을 때까지 쉬지 않고 전진합니다.

모두가 체인지 메이커인 세상

본격적인 여정을 떠나기에 앞서, 체인지 메이커 교육의 길잡이로서의 역할을 하기까지 저의 진솔한 경험담을 여러분과 공유하고자 합니다.

저는 20대, 절반 이상을 긴장감 넘치는 수험생으로 보냈어요. 어둡고 긴 터널과도 같은 시간이었죠. 장래희망으로 초등학교 교사를 꿈꾸며, 오직 서울교대만을 고집하였지만 수능 점수가 늘 아쉬웠습니다.

결국에는 재수, 삼수, 사수를 하고서야 지방에 있는 사범대학에 겨우 입학하였고, 졸업과 동시에 공교육 교사로서 자격을 갖추기 위한 임용고시를 준비해야 했어요. 임용 또한 재수, 삼수, 사수까지 거듭된 불합격이란 실패를 맛보며 좌절감과 무기력으로 가득 찼습니다. 근심과 함께 고립된 채 20대 후반까지 보내게 된 거죠.

그러다 우연히 교육 분야 종사자들과 함께 하는 스터디 모임에서 "Everyone A Changemaker"라는 한 문장을 만났어요. '모두가 변화를 주도할 수 있다'라는 비전을 가진 아쇼카재단의 '유스벤처(Youth venture)' 프로그램 소개가 무척이나 인상적이었죠.

유스벤처는 12~20세의 청소년들이 체인지 메이커로서의 역량을 갖출 수 있도록 돕는 글로벌 프로그램입니다. 전 세계의 모든 청소년이 체인지 메이커가 될 수 있는 기회를 제공하는 유스벤처는, 1996년에 미국에서 시작하여 브라질, 인도네시아, 일본 등 5개 대륙의 23개 나라에서 1만 개 이상의 팀이 본인의 프로젝트를 시작할 수 있도록 도왔습니다.

미국 매사추세츠 주의 한 공립중학교에서 유스벤처 프로그램을 운영하고 있는 캐서린 라이언(Kathryn Lion) 선생님의 인터뷰에 따르면 유스벤처 프로그램이 교내 동아리 활동으로 아주 활발하다고 합니다.

첫 해에는 겨우 한 개의 팀이, 둘째 해에도 세 팀이 참여했는데, 12년이 지난 지금에는 학교 정원의 2/3인 400명의 학생이 체인지 메이커 활동에 참여한다고 합니다. 지역에서 문제가 생기면 사람들이 먼저 학교에 전화를 해서 유스벤처 팀 아이들이 이 문제를 풀 수 있겠는지 물어본다는 거예요.

순간 큰 충격을 받았어요. 유스벤처 팀원들의 존재가 마땅히 지역 주민의 일원으로서 인정되고, 지역사회 이슈와 관련 목소리도 내어보고 문제해결 참여자로서 함께할 수 있는 기회를 마련해준 다는 점이 정말 감동적이었거든요.

삶과 괴리되지 않는 문제들을 주도적으로 해결한 유스벤처 청소년들의 체인지 메이커 사례를 전해 듣는데, 가슴이 막 두근거리기 시작했어요. 나도 학창시절에 체인지 메이커 수업을 들었더라면 하는 아쉬움과 함께, 지금이라도 기회를 만들어 현장에서 체인지 메이커 교육을 시도해보고 싶다고 생각했죠. 반드시 임용고시 합격으로 교과 교육의 실력을 증명하지 않더라도 이미 내가 가진 교육적 사명과 진정성으로 나의 역할이 필요한 교육 현장에서 당장 청소년들을 만나고 싶다는 열망이 뜨거워졌습니다.

스스로 변화를 주도하는 체인지 메이커로서 정의하고 곰곰이 생각해보니 반드시 공교육 교사가 되지 않더라도 '교육' 현장에서 다양한 방식으로 역할을 수행할 수 있겠다는 용기가 생겼습니다.

흔히들 꿈은 다짐하고 명사로 꾸지 말고 동사로 꾸라고 이야기합니다. 명사로서 꿈을 꾸면 내가 꼭 직업적으로 '무엇'이 되어야만 꿈을 실현할 수 있다고 생각하게 되니 까요. 그 자격을 얻기 전까지는 꿈을 계속 미루게 되죠. 꼭 교사가 되어야만 교육을 할 수 있다고 생각한 저처럼요. 이런 제한된 사고는 결국 스스로를 억압하게 된답니다.

그래서 저도 교과 구분 없이 아이들과 어떻게 만나고, 또 어떤 활동을 함께 나누고 싶은지를 구체적으로 생각하게 되었습니다. 그러자 더는 고시원에 처박혀 있을 수 없었어요. 밖으로 나가 세상을 향해 두 손을 뻗었죠. 토론 교육에 관심이 많았던 저는 토론 동아리도 직접 참석하고 관련 서적도 읽으며, 전문가를 찾아가 조언도 들으면서 청소년들과 함께하고 싶었던 다양한 아이디어들을 떠올렸어요.

동시에 더는 임용만을 고집 피울 수 없다는 생각이 들었죠. 즉시 방향을 전환하여 학교 안팎의 교육 혁신을 담당하는 역할을 맡겠노라 다짐하고 2016년 '커뮤니코(前 에르디아토론디자인연구소)'라는 개인사업자를 등록하여 소통 디자이너로서 비경쟁토론 교육 활동을 시작했습니다. 더 이상 공교육 교사에 연연하지 않고, 교사를 돕는 교사이자 교육 혁신가로서 새로운 삶을 마주하게 된 것입니다.

그렇다면 이렇게 저에게 큰 변화를 일으킨 'Everyone A Change maker'와 유스벤처 활동은 어디에서 하고 있는 걸까요? 그 전에 여러분에게 아쇼카재단을 소개하고 싶군요. 이 재단은 1980년 초, 빌 드레이튼(Bill Drayton)이 창업한 국제적인 비영리 단체로써 다양한 사회적 기업가, 체인지 메이커들을 지원하고 있었어요. 이들이 주목한 건 새로운 비전과 아이디어를 제시하며 변화를 만들어내는 사회적 기업가였죠.

결국 모든 변화의 첫 출발은 사업이 아니라 개인의 고귀한 생각에서 시작하니까요. 빌 드레이튼은 이와 같은 메시지를 전합니다.

변화란 누군가가 다음 단계를 볼 때 비로소 시작됩니다.

사회적 기업가는 단지 물고기를 주거나

잡는 법을 가르쳐주는 것에서 만족하지 않습니다.

그들은 물고기 잡는 산업에 혁명을 일으킬 때까지 쉬지 않습니다.

이러한 생각을 바탕으로 1982년 이후 지금까지도 전 세계 85개 국에서 3천여 명을 지원하고 네트워크하며 사회적 변화를 만들기 위해 노력해왔어요. 선정된 이들은 '펠로우'라고 이름을 붙이며, 약 3년간 필요한 생활비를 지원하며 사회 변화에 몰두할 수 있도록 도와주고 있지요. 미국, 일본, 아프리카 등 여러 나라와 연결되어 있고, 우리나라에서도 2013년 사단법인 '아쇼카 한국'이 조직되었습니다. 한국에서는 이렇게 11명의 선정된 분들이 다음 표처럼 교육, 문화, 장애 등 다양한 영역에서 체인지 메이커로서 변화를 만들어가고 있습니다.

한편 2015년 유스벤처 파일럿 프로그램이 한국 곳곳에 소개된 이후, 현장에서의 반응은 아주 뜨거웠어요. 저 역시도 청소년들과 함께 사회 문제를 해결해보고 싶었죠. 외국에서는 이미 어른들뿐만 아니라 청소년들도 체인지 메이커로서 다양한 활동을 하고 있는데 우리는 왜 그렇지 못할까 하는 생각이 들었거든요. 그래서 청소년들이 주도적으로 문제해결을 하는 체인지 메이커들의 생태계를 조성하고자 비영리 단체 '유쓰망고'를 2017년 공동

표 2 아쇼카에서 선정한 11명의 한국 펠로우

펠로우	단체	미션 및 비전
서명숙	제주올레	제주도의 마을 곳곳에 숨겨진 길을 찾아 장거리 도보 여행길인 '제주올레'를 만들고, 제주올레의 철학과 가치를 세계인과 공유하고자 세계 여러 나라의 걷는 길(Trail)과 교류를 통하여 '우정의 길'과 '자매의 길'을 체결하고, 지역의 변화를 만들어가는 단체
박유현	DQ Institute	21세기에 필요한 디지털 리터러시, 디지털 시민의식 교육을 위해 전 세계의 아동들에게 DQ(Digital Intelligence Quotient)의 중요성을 알리고 있는 글로벌 무브먼트
김종기	(재)푸른나무 청예단	우리나라 최초로 학교 폭력의 심각성을 시민 사회에 알리고 학교폭력 예방과 치료를 위한 활동을 목적으로 설립된 비영리 공익 법인
명성진	세상을품은 아이들	가정과 학교, 사회로부터 소외된 아이들이 마음의 상처를 치유하고 내면의 가치를 찾아 실현하는 삶을 살도록 함께하는 비영리 사단법인
정혜신	치유공간 이웃, 공감인	개인의 개별성이 존중받는 사회를 만들기 위해 새로운 치유 문화를 만들고 '공감'을 중심으로 시민 치유 릴레이 문화를 확산하는 비영리 단체
송인수	사교육걱정 없는세상	뿌리 깊은 사교육 문제들에 대하여 참신한 정책과 대안을 제시하여 막혔던 자녀 교육의 해법을 찾아가고 있는 시민단체
조명숙	여명학교	북한 이탈 청소년과 제3국 출생 청소년을 '겸손한 전문가'로 양성하여, 통일 시대의 리더로 교육하는 대안학교
송하나	LiNK (Liberty in North Korea)	북한 주민을 잠재적 체인지 메이커로 바라보며 구호, 구출 등의 활동과 미디어를 통한 북한 인식 개선, 그리고 탈북인 역량 강화를 지원하는 국제 비영리 단체
이준호	프라미솝	웹 기반 재활 치료 관리 통합 운영 프로그램 〈케어플 센터〉와 장애인 활동 지원 업무 프로그램 〈케어플 웍스〉를 통해 환자와 치료자 간 의료 정보 비대칭 문제를 해결하고 '사용자 중심'의 시스템 변화를 만들어가고자 노력하고 있는 디지털 헬스케어 기업
정찬필	미래교실 네트워크	현직 교사들이 중심이 되어 21세기 인재 양성을 위한 교육 패러다임 전환을 목표로 이루어진 민간 교육혁신 네트워크 〈미래교실 네트워크〉와 〈거꾸로 캠퍼스〉 설립
이수인	ENUMA	모든 아이가 기술을 통해 일정 수준 이상 양질의 학습에 접근하여 스스로 학습할 수 있는 〈Todo Math〉, 〈Kitkit School〉 등 교육 게임을 만드는 에듀테크 기업

창업하게 된 거예요.

아쇼카재단의 유스벤처의 활동정신을 이어받아서 온전한 배움의 주도권을 청소년에게 돌려주며, 청소년들이 직접 변화의 주체가 되어보는 체인지 메이커 운동을 전국 초·중·고 안팎에서 이끌어가고 싶었거든요. 아울러 지역사회와 지자체까지 참여하는 민-관-학 거버넌스 구조를 만들고 싶었어요.

그래서 이름도 청소년들이여(유쓰)! 망설이지 말고 앞으로 가자(go)고 하자!란 의미를 담아 유쓰망고로 정하게 되었죠. 우리가 품은 비전은 다음과 같아요.

> 모든 청소년이 체인지 메이커로서
> 공동체의 문제에 공감하고 행동하는 세상을 꿈꿉니다.

앞에서 살펴보았던 학교협동조합 활동처럼 청소년들도 얼마든지 지금 여기에서 내 주변의 문제들을 함께 풀어갈 수 있어요.

사회적 기업가는 팀 오브 팀스 방식으로 일한다는 말 기억나죠? 교사, 학부모, 지역주민, 각계각층의 전문가 등 다양한 분들이 함께하며 청소년들을 열렬히 응원하고 있답니다.

또한 현재 강원부터 제주까지 여러 지역의 학교에서 교육청, 지자체, 진로직업체험센터, 사회적경제지원센터, 도시재생지원센터 등이 협력하여 청소년을 위한 전국 체인지 메이커 생태계를 조성하고 있죠.

어떠세요? 체인지 메이커 개념이 조금 잡히나요? 결국 마음먹기에 달려 있습니다. '나'를 누구로 정의하느냐에 따라 스스로 변화의 시작을 만들어낼 수 있으니까요.

다음으로 변화의 주체가 된 청소년들의 구체적인 체인지 메이커 활동을 소개할게요.

위기의 청소년, 체인지 메이커가 되다

변화를 만들고 싶은 의지가 불끈 솟아나다가도 '나는 다른 친구들에 비해 잘난 것도 없고 할 수 없을 거야'라는 생각을 하는 경우도 많을 거예요. 그런 친구들을 위해 앞서 아쇼카 한국에서 지원받는 펠로우 중 한 명인 명성진 목사가 운영하는 '세상을품은아이들(이하 세품아)[1]'을 소개하려고 해요. 이곳은 '아이 한 명의 변화가 세상을 바꿉니다'라는 미션을 가지고 문제라고 낙인찍힌 아이들이 문제해결자, 즉 체인지 메이커 경험을 통해 스스로 건강하게 바로 설 수 있도록 지원합니다.

그렇다면 어떤 사연을 계기로 '세품아'라는 단체가 탄생한 걸까요? 명성진 목사는 부천에서 작은 교회를 이끌었는데, 어느 날 그

....
1. 세상을품은아이들 소개 참고

는 자동차 밑에서 노숙하는 청소년과 우연히 마주하게 됩니다. 방치할 수 없었기에 집에 데리고 와서 재우고, 먹이고, 입히며, 그 친구가 지닌 내면의 깊은 슬픔을 헤아리게 되었죠. 그렇게 하나둘씩 식객(食客)이 늘어 가정과 학교, 사회로부터 소외된 청소년들이 함께하게 되었어요.

세품아는 아이들이 가정에서 탈출할 수밖에 없는 이유에 깊은 관심을 가지고 있었어요. 그래서 사각지대에 놓인 위기청소년들에게 주목하며 그들을 위한 생활 공동체로 자리 잡게 된 거죠.

또한 세품아에서는 기존에 위기청소년을 위한 다양한 프로그램들이 별다른 실효성을 거두지 못하는 것에 주목했어요. 우선 아이들이 여러 차례의 경험을 통해 프로그램에 대한 기대감이 없다는 점이 컸죠. 그리고 아이들의 삶에 흡수될 수 있도록 옆에서 적극적으로 돕는 사람이 없었고요.

이런 문제를 해결하기 위해 세품아에서는 범죄 청소년들의 필요를 가장 우선시했어요. 청소년들의 상황에 대해 철저하게 고려하고, 이 아이들에게 맞는 교육 내용과 교육 방식을 취하는 게 중요하다고 판단한 거죠.

더불어 단순히 범죄 청소년이 재범을 하지 않는 것뿐만 아니라 세상에 뭔가 기여할 수 있는 건강한 시민으로서 성장하도록 돕는 것을 궁극적인 목표로 삼았어요. 범죄 청소년들은 자신들이 사회에 기여하기는커녕 불필요한 쓸모없는 존재라고 생각하기 때문이었죠. 앞서 사회적 기업가가 하나의 아이디어로 문제해결 지점을 찾아 혁신을 이끌었던 것처럼, 범죄 청소년 한 명이 바뀌면 그 청소년이 속한 모임도 바뀔 것이고, 나아가 지역사회가 바뀔 수 있다고 보았던 거죠.

세품아에서는 새로운 관점과 태도로 아이들을 바라보았습니다. 즉 단순한 문제아가 아닌 귀한 자원으로 인식했죠. 아이들은 저마다 고유한 가치를 가지고 있다고 믿었거든요. 어쩔 수 없는 이유 때문에 자신의 능력을 발휘할 기회를 놓치거나 얻지 못했을 뿐이라고 생각했습니다.

이러한 생각을 바탕으로 세품아는 아이들이 건강한 관계 속에서 서로 간의 배움과 돌봄으로 성장하는 대안 가정에서 자라도록 합니다. 아울러 각자의 욕구에 집중한 프로그램을 통해 성공적인 치유와 재능 계발이 일어날 수 있도록 하고 있죠. 무엇보다 위기 청소년들이 세상과 소통하는 법을 배우고 다른 사람들과 함께 일하며, 자신의 능력을 찾아내고 키워나가며, 궁극적으로 자립할 수 있도록 지원하고 있습니다.

이처럼 새품아는 위기청소년들이 스스로는 물론 다른 친구들을 돕고, 사회의 문제까지 해결할 수 있는 체인지 메이커로 다시 설 수 있도록 지원하고 있습니다. 지난 10년간 활동을 통해 성장한 청년들은 '5IVESTORY'를 설립하여 문화예술기반의 청년 사회적 기업가로 활동하고 있어요. 또한 세품아에서 청소년을 돌보는 생

세상을품은아이들에서 청년 사회적기업가가 된 5IVESTORY 일원 모습

활지도 교사로도 활동하며 아이들의 변화와 자립을 돕고 있고요. 이렇게 건강하게 자립한 아이들은 다른 위기청소년들에게 희망이 되죠. 아울러 계속적으로 자동차 외장관리, 의류, 여행 등 창업 아이템의 확대를 추진하고 있고요.

희망이 없다고 포기한 범죄 청소년들을 존재 그 자체로 인정해주는 '세품아' 안에서 아이들은 나날이 변화했습니다. 변화한 아이들은 또래 친구들에게 변화의 가능성과 희망을 말하며 함께 일어서자고 말했죠. 상처를 입었던 아이들이 또 다른 상처를 치유해주게 된 것입니다.

혹시라도 책을 읽는 여러분 가운데 "나는 할 수 없을거야"라고 생각하나요? 그렇다면 세품아 이야기를 통해 용기를 얻었으면 좋겠어요. 우리 모두는 변화를 만들 수 있는 소중한 사람들이며, 함께하는 이들이 있다면 생각 그 이상의 긍정적인 일을 만들어낼 수 있답니다.

사회를 바꿔가는 청소년 체인지 메이커들의 이야기

　다음으로 지역사회 이슈를 가지고 문제를 해결하기 위해 봉사활동을 진행한 청소년 체인지 메이커 사례[2]를 소개할게요. 우리가 함께 주목한 지역은 서울시 용산구 해방촌이었습니다.

　해방촌이라는 이름이 참으로 특이한데, 이곳은 1945년 광복과 함께 해외에서 돌아온 사람들과 북쪽에서 월남한 오갈 곳 없는 사람들, 한국전쟁의 피난민과 실향민들이 판잣집을 짓고 집단으로 정착하면서 '해방촌'이라 불리게 되었습니다.

　그런데 이 지역에 불법 무단투기 쓰레기가 너무나 많은 탓에 용산구에서는 2016년 4월부터 '쓰레기와의 전쟁'을 선포할 만큼 쓰

---

2. 커뮤니코(前 에르디아토론디자인연구소), 해방촌 체인지 메이커, 〈청소년의 힘으로 세상을 바꾸자 - 서울시 도시재생 주민공모사업 장려상 수상〉, 2016 참조.

레기로 몸살을 앓고 있었죠.

우리는 이 문제를 해결하기 위해 청소년들이 해방촌 현장을 직접 찾아가서 관찰하고 주민들과 얼굴을 맞대고 인터뷰를 진행하여 지역 내 쓰레기 무단투기와 관련한 진짜 문제를 찾아내려 했습니다. 이를 통해 청소년의 창의적인 아이디어로 지역 주민들께 해결 방안을 제안해보려 했고요.

2016년 7월 같은 이슈에 관심을 가진 중·고등학생들과 처음 만났습니다. 이 친구들과 함께 본격적으로 해방촌의 문제를 관찰하며 공감하는 시간을 가졌죠. 해방촌 쓰레기 무단투기 문제와 관련하여, 다양한 이해관계자들을 파악하는 것이 우선이었습니다. 전체적인 상황을 이해하고, 대상을 자세히 관찰하고, 관찰한 것에 대해 질문하고 귀기울여 경청함으로써 말이 필요 없을 정도의 유대감을 느끼는 활동이었습니다. 해방촌 주민들이 느끼는 문제를 나 역시 동일하게 느끼는 게 중요하니까요.

이때 중요한 것은 나의 생각을 검증하는 게 아니라 상대방의 경험을 있는 그대로 듣는 것! 그렇게 우리는 열심히 주변을 둘러보고 관찰하고 또 들었습니다. 우리가 인터뷰를 하며 던진 질문들은 다음과 같습니다.

해방촌에 거주하신 지 얼마나 되셨어요?
해방촌에 살면서 불편했던 점이 있다면 무엇인가요?

주민들에 대한 인터뷰 ⓒ 해방촌 체인지메이커

평소에 쓰레기 배출이나 분리수거는 어떻게 하고 계신가요?

해방촌 쓰레기 관련 정책과 정보는 얼마나 알고 있나요?

쓰레기 무단투기 문제에 대해 어떻게 생각하세요?

주변에 쓰레기 문제와 관련하여 이웃 간 갈등을 보셨거나, 싸운 적이 있으신가요?

다음으로는 문제를 정의하는 과정을 진행했어요. 현장에 나가 직접 관찰한 내용과 이해관계자 인터뷰를 통해 얻은 영감을 바탕으로 Real(실제 일어나고 있는), Valuable(해결할 만한 가치가 있는), Inspiring(해결하고 싶은 동기) 세 가지 관점에 입각해서 진짜 문제를 정의했죠. 아울러 누가(Who), 무엇을(What), 왜(Why)라는 관점에서도 분석도 했어요.

해방촌의 거주민(주로 할머니, 할아버지, 시장 상인들, 자영업 하시는 아저씨, 아주머니, 해방촌 성당 신자들, 또래 청소년 등)이 대상(Who)이었고요. 젊은 청년, 외국인들이 지나가다가 쓰레기를 전봇대에 버린다는 점, 길 고양이가 음식물 쓰레기를 터뜨려서 악취가 너무 심하다는 점 등이 문제였어요. 또한 버리지 말라는 경고문에도 사람들이 크게 반응하지 않는다는 점(What)도 있었고요.

이에 대한 이유(Why)도 정리해봤어요. 길거리에 무심코 쓰레기를 버리는 데 대한 양심의 가책을 전혀 느끼지 못하기 때문에, 음식물 쓰레기를 플라스틱 수거통에 담아서 버리지 않기 때문에, 상습 투기 지역 부근임에도 구청에서 쓰레기를 너무 잘 치워주기 때문에 문제가 더 악화되는 것 같다고 보았어요. 물론 구청의 입장에서는 솟구치는 민원 전화 때문에 수거하지 않을 수 없었다고 했죠.

아이디어가 어느 정도 나오자 실제와 최대한 비슷한 프로토타입을(Prototype) 만들었어요. 프로토타입이란 원래 완성된 제품을 만들기 전에 미리 작게 만들어보는 작업이에요. 아이디어가 아무리 좋아도 실제 적용했을 때 맞지 않을 수 있기 때문에 작게나마 실험을 해보는 게 좋거든요. 프로토타입은 스토리보드, 연극, 모형 등 값싸고 손쉽고 빠르게 만들어 보는 작업이에요. 저렴한 재료들을 이용하여 표현 방식에 제한을 두지 않고 자유롭게 만들어봤어요. 말로

우리동네 쓰레기 마일리지 프로토타입　　　　　ⓒ 해방촌 체인지메이커

이야기하는 것보다 직접 만들면서 구체화하고 눈으로 볼 수 있게 되면 또 다른 아이디어가 나올 수 있으니까요.

　이렇게 해서 '쓰레기 마일리지제도'가 나왔어요. 쓰레기를 지정된 장소에 배출하면, 버리는 쓰레기양에 비례해서 마일리지가 적립되는 방식이에요. 누적된 마일리지로, 버스 카드를 충전할 수 있는 제도였죠. 또 다른 아이디어로는 "'농구 골대 쓰레기통'이 나왔어요. 좀 더 쓰레기를 재밌게 버릴 순 없을까?'라는 문제 발견에서 나온 아이디어예요. 이밖에도 골목길마다 작은 크기로 설치 할 수 있는 꿈틀꿈틀 지렁이와 같은 접이식 쓰레기통, 요일마다 종류별 쓰레기 배출 독려하는 무지개 쓰레기 달력 등이 프로토타입으로 제작되었어요.

이제 마지막으로 현장에서 테스트하는 과정이 필요했죠. 완성도가 낮은 프로토타입을 사용자의 생활에 실제 적용해보면서 개선해가는 과정이에요. 해방촌 주민들은 재미있는 아이디어라고 웃으시면서, 이런 접이식 쓰레기통이라면 좁은 골목길에도 얼마든지 효율적으로 설치할 수 있을 것 같다고 말씀해주셨어요. 쓰레기를 알맞은 장소에 버리고, 쓰레기양에 따라 적절하게 보상을 받는 마일리지 제도가 맘에 든다고도 했고요. 반면에 이런 아이디어를 막상 현실에 적용되더라도 결국에는 "하는 사람들만 할 것 같아요."라고 이야기하는 어른들도 있었어요. 또 "과연 큰 효과가 있을까?" 하고 반문하면서 무표정으로 지나가는 사람, 아예 관심이 없는 사람들도 있었죠.

8~9월에는 우리가 발견한 문제들을 다시 되짚어보기도 했어요. 또 쓰레기 문제는 용산구만이 아니라 서울 곳곳에서 발생하고 있어서 이에 대한 사례와 문헌 조사를 하기도 했고요. 이를 통해 공감 단계부터 다시 되짚어보기로 했어요. 주민들의 공감이 중요하다고 생각했기 때문이죠. 아무리 중요한 문제라고 해도 주민들이 공감하지 않는다면 해결할 수 없으니까요. 주민들에게 알리는 공감 캠페인 보드를 제작해서 문제를 적극적으로 알리고 소통하고자 했어요. 또한 "굳이 큰 불편함을 못 느낀다."는 부정적 답변에도 더욱 귀를 기울였죠. 주민협의체, 용산구청 등 여러 이해관계자와 미팅을 가졌고요.

10월에는 7월~10월까지 약 3개월간 진행된 프로젝트를 용산구 해방촌 지역 주민 및 이해관계자들 모시고 우리가 직접 현장에서 관찰, 인터뷰를 통해 발견한 쓰레기 무단투기 문제점을 전달했어요. 해결할 만한 최종 아이디어를 제안하면서 그동안의 진행 사항을 알렸고요.

　　그래서 어떻게 되었냐고요? 모든 게 한 번에 바뀌지는 않았어요. 그저 변화의 시작을 위한 한 발을 내딛은 것뿐이죠. 주민들의 의견이 모아져야 하기에 안타깝게도 청소년들이 낸 아이디어가 실제로 구현되지는 못했어요. 그럼에도 불구하고 이번 해방촌 체인지 메이커 프로젝트는 동네 청소년들에게는 참으로 의미 있고 한층 성장할 수 있었던 계기가 되었죠. 교실에 앉아 수동적인 자세로 임하는 교과 수업이 아닌, 삶과 바로 연결된 프로젝트 활동으로 자신감과 더불어 협력적 리더십 그리고 사회적 책임감까지 기를 수 있는 시간이었으니까요. 프로젝트에 참여했던 한 친구의 소감은 이를 잘 보여줍니다.

마지막 발표까지 마치고, 활동이 전부 끝났을 때, 정말 너무나 아쉬웠습니다. 누군가 "그래서 어떤 게 변했습니까?"라고 물어본다면 할 말을 제대로 할 수 없기 때문입니다. 체인지 메이커인데 아무것도 변화시키지 못한 것이 너무 허탈하게 느껴졌습니다.

하지만 곰곰이 생각해보니 제 안에서 확실히 바뀐 것은 있었습니다. 제 생각, 진로, 가치관. 사고력, 통찰력, 리더십 등, 즉 저 자신이 제일 크게 변했습니다. 누군가가 저에게 그러한 질문을 던진다면, 저는 당당히 말할 수 있습니다. "아무것도 변하지 않았지만, 모든 것이 변했다."고요.

어떠세요? 3개월간 진행되었던 프로젝트를 보고 나니 대략 체인지 메이커 여정에 대한 감이 잡히나요?

또래 친구들이 과하게 화장하는 것에 문제를 느낀 초등학생들의 프로젝트도 있고, 기숙사 생활을 하며 운동 부족 문제를 해결하고자 하는 고등학생들의 프로젝트도 있습니다. 그 밖에도 가파른 등굣길 문제해결, 과다한 SNS 사용을 해결하고자 하는 프로젝트들도 있고요.

사실 체인지 메이커 활동을 하면서 가장 어려운 점은 문제를 발견하는 단계였어요. 학생들은 이렇게 이야기하지요. "늘 우리한테는 문제가 주어졌기에 문제 자체에 대해 생각해본 적이 없었어요"라고요. 그동안 교과서 또는 문제집에 이미 주어진 문제에 대한 하나의 정답을 찾느라 바빴기에, 문제를 찾는 것 자체가 출발점이며 정답이 여러 개일 수도 있다는 사실은 청소년들에게 매우 낯선 개념인 것입니다.

작은 변화든, 큰 변화든, 변화의 크기는 중요하지 않습니다. 변화 만들기를 내 손으로 직접 시도해봤느냐가 중요한 거죠. 결과가 성공이든, 실패든, 우리가 진행하는 체인지 메이커의 여정 그 자체에 충분히 가치가 있습니다. 내가 공감하는 문제에 다양한 아이디어를 내보고 내 발로 움직여 내 손으로 즉시 실행에 옮겨본 그 결과물은 성공이냐 실패냐에 상관없이 나와 내 주변에 분명히 영향을 주니까요. 실패라면, 다음에 시도하는 사람들에게 시행착오를 줄일 수 있게 할 것이고, 성공이라면 다른 친구들이 더 좋은 아이디어를 보태서 발전해갈 수 있을 것입니다.

체인지 메이커로서 문제를 해결하는 과정의 경험 그 자체가 매우 중요한 거예요. 또한 그런 경험은 특별한 사람들만의 것이 아니랍니다. 자라나는 세대부터 모두가 성장 과정을 통해 자연스럽게 몸에 익혀야 하죠. 스스로 '나는 변화를 만들 수 있는 사람'이라는 생각을 자연스럽게 하는 것이 중요합니다. 어른이나 똑똑한 사람만이 변화를 만드는 건 아니니까요.

지금까지 읽고 보니 여러분도 체인지 메이커로서 직접 문제를 해결하고 싶은 의지가 샘솟지 않나요? 이번 기회를 통해 '그렇구나.'하고 넘길 수 있는 주변의 문제들을 살펴보고 '이게 왜 이렇게 됐을까? 불편하지 않을까? 이것을 바꿔보자!'라는 생각과 함께 새로운 아이디어를 발산해보세요.

친구들과 협동하다 보면, 각자 변화를 만들고 싶어 하는 점이 분명 다를 거예요. 그런데도 오묘하게 공감대가 형성되지요. 충분히 서로의 입장을 헤아려주면서 발전해나갈 수 있다는 믿음으로 함께 힘을 모으세요. 처음 할 때는 불안한 마음에서 시작하지만 거듭할수록 마치 모험처럼 해냈다는 뿌듯함과 함께 보람을 마주할 거예요. 체인지 메이커로서 여러분의 모든 경험을 적극 지지합니다!

세상을 바꿀 너의 아이디어는?

아름다운 세상을 위하여 (2000)

미미 레더 감독

2000년에 개봉한 미국 영화인데, 영화 원제는 〈Pay it forward〉입니다. '네가 먼저 주라'는 나눔의 뜻이죠. 이 작품은 캐서린 라이언 하이디(Catherine Ryan Hyde)의 《트레버》라는 베스트셀러 소설을 원작으로 한 영화입니다. 배경은 미국 캘리포니아 소도시에서 미혼모인 어머니와 살고 있는 따뜻한 마음을 가진 열두 살의 소년, 트레버가 세상을 바꾸는 이야기로 전개됩니다.

초등학교에서 사회를 가르치는 시모넷 선생님께서는 학생들에게 하나의 과제를 제시합니다.

세상을 바꿀 아이디어를 내고 그것을 실천에 옮기는 방법을 생각해봐!

(Think of an idea to change our world – and put it into ACTION!)

과제를 받고 집으로 돌아가던 중 트레버는 노숙자들을 보며 깊은 생각에 빠지게 됩니다. 그리고 번뜩이는 아이디어를 내게 되죠. 교실 칠판에다가 트레버는 세상을 바꿀 그림 하나를 그립니다. 도움주기!(Pay it forward) 한 사람이 세 사람을 도와주면 그 세 사람이 다시 다른 세 사람을 도와주고, 그 선행이 끊임없이 반복되고 사랑이 퍼져나가면서 기하급수적으로 세상이 금방 아름답게 바뀔 수 있다는 피라미드 형태의 그림이었습니다. 간단한 도움이 아니라 아주 큰 도움을 줘야 합니다. 이들 스스로 할 수 없는 걸 대신해주고, 이들도 다른 3명에게 똑같은 조건으로 도움을 베푸는 것입니다. 어떻게 이런 아이디어를 생각했냐는 물음에 트레버는 지나가면서 보았던 노숙자들을 떠올리며 대답합니다. "세상이 엿같아서요." 트레버는 도움주기 아이디어를 행동으로 옮기기 위해 자기 자신부터 앞장서서 실천합니다.

사실 트레버는 남에게 도움을 베풀 만큼 여유가 있는 가정환경도 아니었고, 오히려 도움을 받아야 할 형편의 집 안에서 자라는 소년이었어요. 그의 아버지는 알코올 중독에 도벽이 심한 데다가 애정도 없는 하룻밤 풋사랑으로 트레버를 임신시켜 놓고 책임감도 없이 가출해버렸죠. 엄마 알린 맥키니는 남편 없이 혼자서 아들 트레버를 키우며 살았습니다. 그러나 부모와의 의절, 실패한 결혼생활, 알코올 중독까지 스스로를 힘들게 하는 문제들로 자꾸만 지쳐갑니다. 아들에게 자신과 같은 삶을 물려주지 않기 위해 노력하지만 엄마가 생계 때문에 바쁘게 생활하는 동안 대화의 벽도 생기고 아들과의 사이는 점점 더 멀어집니다.

한편 트레버의 첫 도움주기 대상자는 노숙자인 제리였습니다. 마약 중독자인 제리가 새로운 삶을 시작하도록 소소하게 도움을 주었지만, 결국 그는 다시 마약에 손을 대고 말았죠. 두 번째 도움 지기 대상자는 시모넷 사회 선생님이었습니다. 트레버는 혼자 고생하시는 엄마와 시모넷 선생님 두 분을 연결해드리고자 하였습니다. 그러나 시모넷 선생과 엄마 두 분 다 과거의 기억에서 헤어나지 못했죠. 또 다시 사랑받기를 두려워하는 상처로 인해 마음을 쉽사리 열려고 하지 않아 또 실패하고 말았어요. 마지막 도움주기 대상자는 같은 반 친구인 아담이었는데 다른 아이들에게 구타를 당하고 있는 아담을 도와주려다 겁이 덜컥 나는 바람에 결국 도움주기를 포기합니다.

실망에 빠진 트레버. 그러나 다행히도 제리는 우연히 자살하려는 여자를 설득시켜 목숨을 구해줌으로써 다시 도움주기를 시작했고, 시모넷 선생은 엄마와의 사랑을 가꾸기로 결심하게 됩니다. 또한 그의 엄마는 트레버의 외할머니인 자신의 엄마를 용서함으로써 트레버가 모르는 사이 서서히 도움주기 운동은 퍼져 나갔습니다.

아무것도 변하지 않을지라도 내가 변하면 모든 것은 변할 수 있습니다. 나부터 관심을 가지고 따스한 시선으로 주변을 살피면서 내가 할 수 있는 작은 것부터 행동에 옮겨보면 어떨까요? 아름다운 세상을 위하여 주인공 트레버와 같이 시작해보아요! 나로 인해 달라질 세상을 상상해봅시다!

1장

원일자리위원회 관계부처, 《사회적 경제 활성화 방안》, 2017

J.K. 깁슨-그레이엄 외, 《타자를 위한 경제는 있다》, 황성원 옮김, 동녘, 2014

음울한 자본주의…1833년 공장법, 《서울경제》, 2017. 8. 29.

    http://www.sedaily.com/NewsView/1OJXTNHFRS

"세계 곳곳 시시각각 교육-로버트 케네디 연설을 통해 본 국민총생산과 국민
행복지수", 〈에듀앤스토리〉, 2010. 8. 5.

    http://edunstory.tistory.com/172)

사회적 경제 언론인 포럼, 《사회적 기업 참 좋다》, 서울시 사회적 경제지원센
터, 2017

배추 1포기 1600원 … 생협은 채소파동 몰랐다, 《중앙일보》, 2010. 10. 20.

    https://news.joins.com/article/4546543

2장

원주밝음신용협동조합, 《밝음 30년사》, 2001

강원아카이브협동조합, 《협동조합도시원주아카이브》, 2017

김기섭, 《사회적 경제란 무엇인가?》, 들녘, 2018

韓·美 修交 100年의 가톨릭 主役들, 《가톨릭신문》, 1982

3장

김현대·하종란·차형석, 《협동조합 참 좋다》, 푸른지식, 2012

류재숙, 《둥글둥글 지구촌 협동조합 이야기》, 풀빛, 2015

박주희·주수원, 《만들자, 학교협동조합》, 맘에드림, 2017

'FC 바르셀로나', 축구 '클럽 그 이상'된 까닭, 《한겨레》, 2012. 11. 15.

    http://www.hani.co.kr/arti/economy/economy_general/560825.html#csi

dx772c15175e62b62bb5640d74a0e0d0c

[함께의 가치 '사회적 경제'] (8)학교협동조합을 키우자, 《한라일보》, 2018. 5. 22.
http://m.ihalla.com/Article/Read/1526983200596383344

경기 평택 청옥초에 전국 첫 문구점 협동조합, 《연합뉴스》, 2017. 5. 25.
http://www.yonhapnews.co.kr/bulletin/2017/05/25/0200000000A
KR20170525148100061.HTML

2017 학교협동조합의 날 "청소년과 청년, 사회적 경제로 만나다", 광신정보고
산업고등학교
https://www.youtube.com/watch?v=kQAz0ohj6Kc

〈바르샤 드림스〉(Barca Dreams, 2015)

〈위 캔 두 댓〉(나 Puo Fare, We Can Do That, 2008)

6장

커뮤니코(前 에르디아토론디자인연구소), 해방촌 체인지 메이커, 〈청소년의 힘
으로 세상을 바꾸자 - 서울시 도시재생 주민공모사업 장려상 수상〉, 2016
참조.

모두,
함께,
잘, 청소년을 위한
        사회적 경제 이야기
산다는 것